自分の人生を、未来を、
自由にクリエイションしよう。
それは誰もができること。
なぜなら、一人ひとりが「神」、だから――。
あなたは未知なる世界を
無数に創る力をもっている。

PROLOGUE

現実を思うままに創る「至高のクリエイター」になろう

日本の精神性から生まれたクリエイション術

この本を手に取っていただきありがとうございます。

きっとあなたは、ふと「なんとなく気になる」と思ってこの本を選んでくださったのでしょう。

ありがとうございます。そして、おめでとうございます。

あなたは、この瞬間から、**自分の望む現実を創る至高のクリエイターです。**

なぜなら、あなたの内なる神が発動しはじめているからです。

この内なる神の力を発動させ、未来をクリエイション（創造）していく方法。

それが、「神クリエイション」。

神である一人ひとりが、世界を創っていく方法のことです。

これは、**神道に由来する、いにしえより日本に伝わる精神性から生まれたクリエイション術です。**

さっそくですが、ひとつ想像し、感じていただきたい質問があります。

「何の制限もないとしたら、今日どんなことが起これば最高の一日になる？」

もしいま一日の終わりだったら、明日でもいいでしょう。自由に「最高の出来事」を思い描いてください。

「考えたって無駄だ」……なんて、みずから制限を作らないでください。

お伝えしたように、**誰の内にも神がいます。だから、クリエイションできるのです。**

もし、「そんな力はない」「願いなんてかなったことはない」というなら……ただその力の存在を忘れていただけです。

あなたの中の神がまだ発動し切っていないだけです。

何の制限もないとしたら、
今日どんなことが起これば
最高の一日になる?

この神クリエイションは、これまでの現実創造のテクニックや仕事術などのクリエイション術を超えた方法だと自負しています。

なぜなら、この方法は精神世界からだけで語るものではなく、また現実世界の方法論だけで編み出したものでもないからです。

後ほどくわしくお話ししますが、私は、目に見えない世界を感知する「共感覚」をもちながら神社の家系に生まれました。

この見えない世界や日本古来の精神性をベースに、世界的なブランドのイベント全体を指揮するクリエイション活動を通して見出（みいだ）したのが――「神クリエイション」なのです。

神道では、私たち人間の中に神がいると考えます。

神社の家系に生まれた私は、子どもの頃から、こう教えられて育ちました。

「神社に神様がいるように、おまえの心の中にも神がいるんだよ」

自分の中にいる神とは、「魂」のこと。

この考え方をずっと心にとめていた私は、あるとき、**自分が空間演出をするプロセ**

ス**と、望む現実を創る方法が同じだ**ということに気づいたのです。

そして、その方法を使って、自分自身の現実を創りはじめました。

その才能は誰もがもっているのです。もちろん、あなたも！

変化の時代のいまこそ神クリエイションしよう

ここで、もう少し自己紹介をさせてください。

私は、福島市にある金沢黒沼神社を代々守る神職の家に生まれ育ちました。国指定重要無形民俗文化財「羽山ごもり」で知られる**鎮座１３００年の神社です。**

専門学校を卒業後、ＣＭプランナーとして働きはじめ、その後グラフィックデザイナーから映像ディレクターとして、アーティストのツアーに同行しＤＶＤを制作したり、ミュージッククリップを作ったりしていました。

さらにその後、**空間プロデューサー&空間演出家に転身、クリエイターとして30年近く活動してきました。**契約上、名前は明かせませんが、銀座や表参道に旗艦店をもつ一流ブランドのショーやパーティーを多数担当していました。また、**日本を代表す**

る国際映画祭のレッドカーペットの演出や、コスメブランドや海外の自動車メーカーをはじめとする企業の発表会やイベントなどを手掛けてきました。

一方、クリエイターとして活動する中で、國學院大學で神職の資格も取得しました。実家の神社での神事に参加することもあれば、**自分自身で祝詞（のりと）を上げ、ご祈禱（きとう）やお祓（はら）いをすることもあります。**

しかし、クリエイティブの世界で多忙な日々を送る中、今後の生き方について考えるようになりました。そんなとき、東日本大震災が起きました。

「限られた時間の中で、本当は何をして生きたいのか」と、改めて自分に問いかけ、勤めていた会社から独立。

それからは、空間演出を行いながらも、パートナーであるデザイナーのＬＩＣＡとともに、この地球で自分の可能性を発揮して幸せに生きるための講義やワークショップ、執筆活動を行うようになりました。

そして世界的に変化を強いられた２０２０年。**いまこそ、一人ひとりが内なる神を発動させ、クリエイションする必要があるの**では……と感じるようになりました。

限られた時間の中で、
本当は何をして生きたい？

そこで、オンライン上で神クリエイションの方法をお伝えしはじめました。

すると驚くことに、特定の仕事をしていなかった主婦の方を含め、つぎのような数々のクリエイターが誕生しはじめたのです。

- **まったくの未経験の絵を描くことを始め、アート作品を販売した**
- **家族のためだけだった料理を究め、料理研究家になった**
- **趣味だった〝星占い〟から一歩踏み出し、占星術師になった**

このように数々の人が神クリエイションを発揮し、新しい未来を切り開いているのです。

私の世界が一瞬で変わった祖父からの「問い」

「そんな体験が自分にできるのかな」と半信半疑のあなたに、神クリエイションで大切なことをお伝えします。

それは、**自分が創りたい世界を心で創り、それを信じる**ということです。

クリエイションのプロセスは、そこから始まります。

この大事な在り方を私に教えてくれたのは、祖父でした。

共感覚をもって生まれたため、**精霊や妖精だけでなく〝見たくない存在〟も見てしまうことがたびたびありました。**

「もう嫌だ」と訴えたときのことです。神職だった祖父は、幼かった私に、真剣に問いました。

「おまえは何を信じるのか？」

この問いによって、私の世界は変わりました。

自分の信じるものが世界を創るという、大事な事実に気づけたのです。

私が何を信じると答えたのか、そして、世界がどう変わったのかはCHAPTER 1に書いていますので、ぜひ読んでいただけたらと思います。

あなたは何を信じる？

近未来にやってくるバーチャルな世界でこそ必要な精神性

自分の信じるもの、つまり意識したものが、現実となって目の前に現れる。

いま、この事実を最新の科学が証明しつつあります。VR＝バーチャルリアリティの技術です。

VRが見せてくれる仮想世界は、私たちの精神が創り出した世界。でも、その世界で、私たちはまぎれもない「現実」を体験します。

今後、IT技術の発達によって、ゲームやサービスなどの技術がさらに進化し、よりバーチャルな世界が身近になる時代がやってくるでしょう。

そんな時代に翻弄されないために重要なのが、自分自身の精神性です。自分の求めるものを知り、そこに向かって進もうとする意志の力です。

その姿勢さえあれば、どんな時代がやってきても大丈夫。自分の信じる世界を生きられます。神クリエイションでは、その精神性も培っていきます。

いまはまだ、確信がもてなくてもかまいません。

これから、その方法について系統立てて書いていきます。ただし、頭で分析しながらではなく、自分の素直な感覚を働かせながら読んでみてください。

神クリエイションのプロセスでいちばん大事なのは、「感じること」です。

問いが場を作る！「神クエスチョン」で想像&創造しよう

この本では、あなたの感性を揺さぶり、心の奥にある思いを呼び覚ますための「特別な質問」を随時投げかけていきます。

名付けて、「神クエスチョン」。

問いがあると、意識が広げられ、あなたの意識の中に現実を創る〝場〟ができるのです。

その問いに答えながら読み進めるうちに、いままで眠っていた感覚や、本当の望みがきっと浮かび上がるでしょう。

そして、あなたの中の心の内側にいる神が目覚め、動きはじめるでしょう。

さあ、いよいよ、神クリエイションの起動スイッチを押すときがやってきました。

準備はできましたか？

では、神クリエイション開幕です！

CONTENTS

神

クリエイション

PROLOGUE

現実を思うままに創る「至高のクリエイター」になろう

CHAPTER 1

神職×クリエイターが見出した「神クリエイション」とは？

CHAPTER 2

あなたがクリエイションするもの すべてに神が宿る

CHAPTER 3

実践！ 神クリエイション 〜「神設定」で人生思い通り〜

神クエスチョン④

CHAPTER 4

人生を動かす神クエスチョンで現実創造を加速せよ！

EPILOGUE

あなたが、命をかけて伝えていきたいことは何ですか？

装丁：井上新八
本文デザイン・DTP：斎藤充（クロロス）
本文写真：著者
編集協力：江藤ちふみ、株式会社ぷれす
編集：金子尚美（サンマーク出版）

CHAPTER 1

神職×クリエイターが見出した「神クリエイション」とは?

空間プロデュースと現実創造はリンクしていた

一人ひとりの心の中に、現実の世界をクリエイション（創造）する力があります。
そして、「自分自身が何をクリエイションするか」で人生は一変します。

私は幼少期から神職の祖父に聞かされていた「自分の中に神はいる」ということを空間プロデュースという仕事を通して、実感しました。

空間プロデュースといわれても、多くの方はピンと来ないのではないでしょうか。
神クリエイションの概念に共通することでもあるので、少し説明しましょう。
この職業は、全体を俯瞰（ふかん）する「神の視点」が必要。**誤解を怖（おそ）れずにいえば、ある意味「神」になる仕事です。**

もちろん、「偉い」とか「すごい」と言いたいわけではありません。

自分の頭の中にあるイメージをそのまま空間に再現し、みずからの手で、完璧なひ

とつの世界観をクリエイションしていく過程になります。

たとえば、ある世界的なブランドのオープニングパーティーでのテーマは、「マルコ・ポーロがスパイスを求めて旅した世界」でした。

付近のある公共施設にある広い駐車場を貸切にし大テントを設営し、4トンの砂を搬入。調教師とラクダも呼んで、サハラ砂漠を出現させました。巨大なテントの中で参加者が、モロッコやバリ、インド、タイなどを旅して、各地のスパイス料理を楽しめる演出。贅(ぜい)を尽くした中国風のVIPルームも作り、大航海時代の雰囲気を楽しんでもらいました。

またあるときは、『2001年宇宙の旅』をモチーフにショーを演出。舞台では、パフォーマーがダンスを披露し、前衛的な宇宙空間を創り出しました。

その他にも、大きなコンテナを250個も積み上げた上にテントを建て、その中に豪華客船の空間を演出したこともありました。舞台ではジャズのビッグバンドの音楽が空間に広がり、港に停泊する豪華客船の夜を再現。大陸の世界地図をテーブルにして、世界各国に因(ちな)んだ商品を展示する演出をしたり、5000個のフローティングキャンドルを池に浮かべて幻想的な風景を作り出したり……。

自分のイマジネーションをもとにクリエイションした時空間で、視覚、聴覚、触覚、嗅覚、味覚、五感のすべてを刺激して、オリジナルの世界を体験してもらう。

その「現実」の中で、人々が驚き、感動し、時に熱狂する姿を見る。

これは、私にとって何よりの喜びでした。

時には、たった2時間のショーやパーティーに数億円かけてクリエイションする世界は、すべて一枚の紙に書いたシナリオから始まります。

シナリオは、ショーやイベントのテーマから受け取ったインスピレーションをもとに生まれます。シナリオといっても文章ではありません。シチュエーションのビジュアルをフリーハンドで描いたものです。しかしそこに、ショーやパーティーの世界観が凝縮されています。

二次元にあるそのアイデアを三次元の立体にして、どんな世界を創りたいのかを明確にし、音楽や照明、映像、舞台装置、人の動きなどを細部まで緻密にイメージ。

その後、一流のアーティストや映像クリエイター、モデルやダンサーといった演者、音響や照明の技術者、現場を設営する大道具さんなど、時には1000人近くのスタッフを束ねて、ひとつの空間を創り上げます。

そして本番が始まれば、私は会場から離れたブースに陣取り、すべての動きを俯瞰し、全体を統括していきます。

自分が決断を下し、キューを出さないと誰ひとり動けない。そのプレッシャーは並大抵ではありません。

ですが、最高にワクワク、ドキドキ楽しめるポジションでもありました。

この空間プロデュースは、現実創造の過程とまさに同じです。

私が空間プロデュースをしたように、あなたにも、現実の世界をクリエイションする力があるのです。

そして、「自分自身が何をクリエイションするか」で人生は一変します。

まずは、そのベースとなるしくみについて、これからお話ししていきましょう。

望む未来から時間は流れ込む

自分の望む現実は、自分で創ることができる。

このことを「確信」したのは、約10年前です。

当時、空間プロデューサーとして多忙な日々を送っていました。

そんなある日、夢を見ました。私は、森の中のハンモックに寝そべって、木々の間を渡る風や太陽の光を感じながらリラックスしていました。ときどきあたりを散策して美しい景色を見つけては写真を撮っていました。それは、最高に幸せな時間でした。

ですが、目覚めると、やるべきことだらけの現実……。

ふと、つぎのように感じました。

この夢のような人生を送れたら、どんなに素晴らしいだろう。

自分が本当に生きたいのは、こんな人生なのではないか……。

そして、**「もし未来の自分が写真を撮っていたとしたら、書店に自分の写真集があるのではないか」と想像してみた**のです。

すると、一冊の本が書店に並んでいるイメージが浮かびました。パートナーのLICAに話すと、彼女はこう言いました。

「その写真集が出版される未来が、絶対あるよ！　イメージが浮かんだのだったら、もう完璧にその未来を創れるよ。だって、望む未来からいまに向かって、時間は流れ込んでくるんだから！」

望む未来から時間が流れ込む……。

一見、不思議な表現です。しかし、パリコレも経験したデザイナーである彼女の人生は、まさにそうやって創ってきていました。

このとき、人生の視点が大きく変わりました。**イメージの中の未来を、自分自身でクリエイションしてみようと決めたのです。**

思考で創る世界から、思考と感情と感性で創る世界へと。

「これをやりたい！」「こうしたい！」とゆるぎなく決めれば、現実は変わります。

その後、まったくの素人だった私は本格的にカメラを始め、２０１５年に**最初の写真集『幸運を呼びこむ不思議な写真』（サンマーク出版刊）を出版し、シリーズ10万部を超えるベストセラーとなりました。**

いままでは夢で見た通り、心のおもむくままに撮影に出かけ、自分自身の感性と向き合いながら、撮りたい写真を撮る生活を送っています。

それどころか、この本の出版も含めて、当時は考えもしなかった発信や表現ができるようになりました。

いま、私の毎日はやるべきことではなく「やりたいこと」に満ちています。

あなたの肉体は「神社」、そして魂は「御神体」です

前述の通り、空間プロデュースのプロセスや手法は、現実を創る過程と重なっています。すべてのクリエイションのもとになるのが、自分の内側から湧いてくるイメー

ジであり、「こうありたい」という思いです。

では、そのイメージや思いをどうやって受け取ればいいのでしょうか。

じつはあなたの内側から、いつもそれは湧き上がっています。

毎日の中で、ふと「こうしたいな」と感じたり、「これ、やってみたい！」「これ、好きだなあ」と思ったりすることはありませんか？

リラックスしているときや、のんびりしているとき、美しい自然や好きな音楽に接したとき、あるいは、「ああ、疲れたな」と思ったとき、心の内側からふと湧いてくる思い……。

「ふと」湧いてくるその感覚が、現実を創る種となります。その「ふと」湧いてくる感覚を受け取ることが、神クリエイションの始まりです。

その「ふと」湧き上がってくる気持ちを感じさせているのは何でしょうか。

それは、心の内側にいる「本当の私」。

あなたの中にいる本音を語る「神」です。

お話ししたように神道では、人間の中に神が在(あ)り、神が道を歩むから「神道」といいます。

自分の中にいる神とは、「魂」のこと。

魂をもって生まれてきている私たちは、神である自分の魂が存在する「神社」です。

それを、私は「自分魂神社」と呼んでいます。

肉体が「神社」、魂が「御神体」です。

そう、私たち自身が、神が宿る「神社」であり、神様と同じように現実を創る力があるのです。

本当の自分＝神は、「ふと」やってくる気持ちという形で、心の底からやりたいことや大好きなことに気づかせてくれます。なぜかというと、本当の自分自身（神）が、あなたを通してそれを経験し、味わいたいからです。

だから、神が大好きなことや、生まれる前から「これをやろう」と決めてきたようなことが、お知らせとして「ふと」湧いてくるのです。

そんな本当の自分が見せてくれる世界は、ひとつの「世界観」となり、あなたの中に宿ります。そして、あなたはそれを必ず、現実としてクリエイションしていけます。

クリエイションの種「産霊」とは？

古代の人も、このしくみに気づいていました。

神道には、古くから**「産霊（むすひ）」という言葉が伝えられています。**

産霊とは、あらゆるものを生み出し、創り出す働き。あなたの内側にある魂から生まれる思い（エネルギー）のことです。

ふと生まれるアイデアや感情、イマジネーションなど、形のないすべての思いに魂は宿ります。これが産霊です。

そして、それらはすべて、クリエイションに繋（つな）がる「種」となります。

魂から生まれた「種」が「言葉」になり「行動」になり、あるいは、エネルギーとなって、現実を創り出します。

芸術の分野であれば、それは、音楽や絵や映像、洋服や建築物などの表現になり、また、仕事の分野であればビジネスやサービスになる。人とのコミュニケーションを生んでいく。

つまり、**魂から生まれた「思い」が体から一歩でも外に出れば、命が宿るものとなり、現実を創り出していくのです。**

神クリエイションでは、その力を私たちはもっているのだと思い出し、使っていきます。

神クエスチョン①
あなたの中の神を発動させる

「ふと思う」「心の奥深くにある思い」といっても、すぐには感じることができない人もいるでしょう。

クリエイションの種である産霊を育てる場を作るのが、「神クエスチョン」です。

それは、あなたの中の神を目覚めさせるスイッチとなり、新しいステージに連れて行ってくれます。

私は、これらの問いを常に投げかけることで、自分の人生を創ってきたといっても過言ではありません。

これからいくつかこの神クエスチョンを投げかけますが、特に、つぎの質問は神クリエイションのベースとなる大切なクエスチョン。

神クエスチョン①

Q 本当のあなた（神）が、大好きなこと、本当にやりたいことは何ですか？

いつでも何度でも自分に聞いてください（むしろ常に問いかけてください）。

この神クエスチョンでは、どんな答えも「正解」です。

気負わずリラックスして楽しみながら、自分の内側と向き合ってみましょう。

神には、世間一般の「常識」も「制限」もありません。

「無理」も「遠慮」もありません。

神クエスチョン 1

Q

本当のあなた（神）が、
大好きなこと、
本当にやりたいことは
何ですか？

What would be the thing you really love
and you really want to do?

自分自身の体を使って、この地球で何を体験したいのか。

神である自分に、どんな喜びを経験させてあげたいのか。

あなたが創造主だとしたら、どんな世界を創り出したいのか。

すべての条件や制約をいったんまっさらにして、とことん自由になって想像し、味わい尽くしましょう。


ひとつ注意事項があります。

大好きなことややりたいことを考えるとき、何も始めていないのに、その先まで考えて判断する人がいます。「これをやったらつぎはこうなって、こういう結果になるだろうからダメだ」「これをやりたいけど、私には何のスキルもお金もないから無理」と。

そんな思考は、このクエスチョンを考えるときには不要です。

ただ純粋に、神であるあなたが「大好き！」「やりたい！」と思うことを考えてみてください。

そして答えが出たら、それができたときの喜び、それをやっているときの楽しさを思う存分味わってみてください。

現実になる道すじが見えなくてもかまいません。「夢物語かも」と思えるものでも、まったく問題ありません。「なんで、こんな思いが湧いてきちゃったんだろう」と感じるものでもウェルカムです！

胸に手を当てて聞いてみましょう。「本当は、何が好き？　何をやりたい？」と。あなたの中にいる神の本音が、きっと答えてくれます。

魂はすでにデータをもっている

「やっぱり、好きなことがわからない」

こう思ったあなた。大丈夫、問題ありません。

焦ったり卑下したりしないでください。

あなたの中には「自分魂神社」があります。そこに必ず「答え」があります。

魂に、あなたがこの世界に生まれもってきた「答え」がしっかり刷り込まれているから、「ふと」いろいろな思いが湧いてくるのです。

ふだん「目に見えていることは、すべてメッセージ」（そんな歌がありましたね）。

いまは好きなことが思いつかなくても、たとえば、音楽や本や動画などで、何かしらキラッと光って見え、心に響くものはありませんか？

ネットニュースやＳＮＳのタイムラインに流れてくる情報を見ていて、わけもなく心惹(ひ)かれたり、気になったりするものはありませんか？

それは、あなたの魂に刷り込まれた「好き」や「やりたい」を刺激するひとつのサインです。魂がもっているデータに感情が反応しているのです。

感情が反応して動いているということは、そこに好きが眠っているということです。

その動きが、まだわずかでもかまいません。

魂からのサインを大事にしてください。

先ほどの神クエスチョン①は、大事な質問なので、これから先も必要に応じて登場します。ですから、本を読み進めつつ、ゆっくり自分の心を感じてみてください。

本当の「罪」「穢れ」の意味、そして「お祓い」の効果

もしかすると、こんな思いが浮かんだ人がいるかもしれません。

「いままで、それなりに好きなことをやってきたのに、願いはかなっていない……」

なぜそうなのか、明確な理由があります。

これもまた神道の言葉で説明しましょう。


神社で行う代表的な神事に「お祓い」があります。

お祓いとは、表面的には、神職が神様に祝詞を上げる儀式です。

これは、私たちの罪穢れを祓う儀式ですが、「罪」や「穢れ」の本当の意味を知っていますか？


罪は「包む身」、穢れは「気枯れ」です。

私たちは、ストレスの多い社会で生きています。ふだん、魂は忙しさや疲れなどで

疲弊した肉体という「包む身」の中に厚くくるまれた状態です。だから、エネルギーが枯れ、クリエイションの力を発揮できません。

その結果、一生懸命努力しているつもりなのに、願いがかなわない現実があるのです。また、自分自身の「大好き」が埋もれてしまっているのです。

お祓いには、「包む身」の中にいる神の意識（魂）が枯れないようにエネルギーを清め、この身に感謝して、自分自身の意識を高める意味があるのです。

「罪穢れ」を祓うために、神社でお祓いをしてもらうのも、もちろんひとつの方法かもしれません。

しかし、もっと身近で、すぐにできる方法があります。

「包む身」の中にいる神が、日頃「ふと」湧き上がるアイデアや気持ちという形でサインを送ってくれています。「やっぱり好きなことをやってみたい」「本当は、これをやりたい！」「なんとなく、これが気になる」という衝動で。

あなたの中に「ふと」湧いてくるその思い、大好きなことややりたいことを感じさせてくれるその衝動を信じて行動すればいいのです。

すると、穢れである「気枯れ」が祓われ、気持ちというエネルギーの循環が巡り、本来の神が発動します。その結果、クリエイションを発揮できるようになるのです。

この世界では選択した信念がクリエイションされる

私には、見えないエネルギーを感じる「共感覚」があります。

幼い頃から、自然の精霊や神様など、さまざまな存在を身近に感じてきました。

しかし、自分自身でその感覚をコントロールできなかった子ども時代は、成仏できなかった霊などネガティブな見えない存在に悩まされていました。

小学1、2年生頃だったと思います。ある夜、怖い体験をし、神主である祖父に、「じいちゃん、もうこんなのは嫌だ！」と、涙ながらに訴えたのです。

すると祖父は、私をじっと見て改まった顔でこう問い正したのです。

「おまえはこの神社に育って、何を信じているのか？　怖い存在を信じるのか？　そ

れとも、神様を信じるのか？」

しばらく考えて、私は「神様」と答えました。

祖父は、「そうか」と優しい表情になり、「それならいまから境内まで行って、神様を信じますと伝えてこい」と言いました。

もちろんあたりは暗くなっています。でも、私は行くしかないと思いました。月明かりを頼りに必死の思いで境内まで行き、拝殿に向かって「僕が信じているのは、神様です」と伝えました。

家に戻ると、母が「よく伝えてこれたね」と迎えてくれました。

そして、いつものように「あなたの心の奥には、神様がいるんだよ。忘れないでね」と諭してくれたのでした。

この日以来、私は「怖い存在」に悩まされることがなくなりました。

私は、怖い存在ではなく神様を選択しました。

そして、「信じる」ということが、私の中で大きな意味をもつようになりました。

霊的な怖い存在を感じたとしても動じなくなり、「自分が信じるのは神様だ」と、淡々と受け止められるようになったのです。

そのうち、それらの存在と遭遇すること自体、なくなっていきました。

信じること＝「信念」です。

そして、私たちが見ている世界は、その信念をもとにさまざまな関係性の中でクリエイションされていきます。

誰が何と言おうと自分を信じる、自分の信念を貫く。

この姿勢は、小中学生時代、陸上競技やスピードスケートなどのスポーツに打ち込んでいたときも大いに役立ちました。

全国大会で納得のいく成績を収められたのも、「絶対に全国に行くぞ！」「必ずこのタイムを出す」と信じ、練習に打ち込めたからです。

アメリカ横断バックパッキングで起きた2つの「奇跡」

改めて、身をもって自分を信じることの大切さを実感したのは、20代の半ば。約1か月半かけてアメリカを横断したときのことです。

この貧乏旅行で、私はいまでも忘れられない2つの「奇跡」を体験しました。

少し長くなりますが、**神クリエイションの基本的な考え方をつかんでもらえると思うのでお話ししていきます。**

大切なところをギュッと凝縮してお伝えするので、一緒に旅している気分で読んでいってください。

旅に出たのは26歳。直前まで私は、映像制作会社でライブ映像を作る仕事をしていました。一流アーティストのツアーに同行し、ブースに入って20台近くのカメラを切り替えながら会場で流れるライブ演奏の映像を作り、ツアー後にミュージッククリップに仕上げます。

これもまた、「神」になれる最高にエキサイティングで大好きな仕事でした。なぜなら、20台近くのカメラが私の目となり、多角的視点で世界を創れたからです。

しかし、会社の経営方針が変わり、音楽分野から撤退することに。自分がここでやれることはないと思い、引き止められながらも退職しました。

その後、**空間演出の仕事に興味をもっていた私は、本場アメリカのエンターテイメントをこの目で見たいと、退職金の50万円を手にして旅立ちました。** 会社をやめて1週間後のことでした。

ニューヨークでブロードウェイのミュージカルをハシゴしたり、ユースホステルで仲良くなった南アフリカの青年と一緒にナイアガラの滝を見に行って感動したり、シカゴで危険地帯に迷い込んで袋小路に追い詰められ、危機一髪のところをパトカーに助けられたり、ニューオーリンズで地元民に交じってジャズを堪能したり……。ここでは、とうてい語り切れない数々の出来事を経験しました。

さまざまな体験をしながら訪れた、メキシコ国境近くのエルパソという町で、事件は起きました。旅も終わりに近づき気がゆるんだ私は、油断して公園のベンチでうたた寝をしてしまったのです。すると突然、手にしていたバッグがすごい力で引ったくられました。あわてて飛び起きると、ひとりの少年が私のバッグを持って走り去ろうとしています。「Hey! Hey! Stop!」と言いながら全力で追いかけましたが、仲間の少年たちと数人でバッグをパスしながら、どんどん逃げていきます。私はとうとう力尽き、少年たちを見失ってしまいました。

バッグの中には、旅で出会った人たちの笑顔を撮ったフィルムと財布が入っていました。土地柄、これ以上追いかけるのは危険だし、バッグはあきらめるほかありません。心が折れました。

しかし、**「これも経験だ！　オレは旅で成長しているんだ！　何があっても命ある限り大丈夫だ」**と自分に言い聞かせ、その日はホテルで就寝。

その後、ホテルの部屋に残しておいた全財産の32ドルを握りしめ、当初の予定だったロスに移動しました。

幸いなことに、ロスでは知り合いのカメラマンJさんの家に泊めてもらうことになっていました。そこでおいしい手料理を食べさせてもらいながら、それまでのいきさつを話すと、「おまえ、本当に面白いな」とJさんは大笑い。

私が、つぎはラスベガスに行く予定だったと言うと、**「よし、人生はギャンブルだ。勝負してこい！」と、「軍資金」を貸してくれました。**

その額は200ドル（約2万円）。いま思えばけっして高くない金額です（笑）！

でも、その心意気がうれしくて、「どれだけ楽しめるか、最高の旅にできるかは、おまえ次第だ」と言うJさんに、**「はい、最高の旅にしてきます！」と宣言して旅立ったのです。**

カジノで体験した望む世界を創る方法

とはいうものの、現地につくと、やっぱり不安がこみ上げてきます。

ホテルのカジノを見て回りながら、「もし負けたら一文無しだ」「とりあえず、ロスに帰るバス代だけは残しておこうか」と、後ろ向きの思考が堂々巡りしていたそのとき、大きな笑い声が聞こえてきました。

声のする方を見てみると、スロットマシーンで大当たりが出て、賭けていた客が喜んで歓声を上げていたのです。その瞬間、「これだ！」と思いました。

お金を盗まれ、不安や恐怖にとらわれていた私は、「賭けても当たるわけがない」という思考にどっぷりハマっていたのです。そんなことで勝てるわけがありません。

そこから気持ちを切り替えました。そして**大当たりしている人の「表情」や「態度」を見て歩くことにしました。**

何か所ものカジノを回り、ルーレットやポーカー、バカラ、ブラックジャックなどをやっている人たちの様子を観察。**彼らの顔つきや呼吸の速さ、目つきなどをチェックし、大勝ちしている人がいたら足を止めて、じっくりその様子を見つめました。**

勝っている客は一様に楽しげで、明るいオーラを出していました。不安な様子やガツガツしている雰囲気はなく、確信に満ち高揚感にあふれていました。

3日間の滞在予定の半分をそうやって過ごした後のことです。そろそろ賭けようかと思ったものの、まだ自分の勝てるイメージが湧きません。

さすがに疲れてベンチに腰を下ろし、フーッと一息ついて、ふと後ろを振り向くと、年配の女性がスロットマシーンをやっていました。

そのとき、彼女の台が光って見えたのです。

この瞬間、なぜか「ここの台は、絶対に出る！」と確信しました。

ところが、しばらく見ていても変化はありません。女性があきらめて台から立ち去りました。「よし、いまだ。来たー！」と、すぐにお金をコインに替えて、スロットの席につきました。

私は自信に満ちていました。何の根拠もありませんでしたが……。

「行ける！」と思いながらレバーを引くと、1回目は空振り。2回目も同じ。「いや、絶対に行ける！」と自分に言い聞かせながら、3回目に挑戦したところ、

……7、……7、……7。スリーセブン！

そこから、スロット台がピカピカと光りはじめてにぎやかな音楽が流れ出し、ものすごい勢いでコインが飛び出してきました。結局そのスロットマシーンだけで、**賭け**

金100ドルが1600ドルに増えたのです。

つぎは、サイコロを使ったクラップスというゲームの席につき、自分の感覚を信じて「行ける！」という確信が湧いてきたときだけチップを張りました。**その結果、全財産だった200ドルは、一日で6842ドル、約68万円になったのです。**

正直、席についたときは、まだ不安や怖れがありました。でも、その感情と向き合わないと、勝負には勝てないと思ったので、自分の心の在り方に意識を向けたのです。

そして私は、内側から「勝てる」という感覚が湧いたときだけ勝負しました。

だからこそ、直感が冴え渡り、結果を出せたのでしょう。

現実を決めるのは、いまを受け入れた上で自分自身の感覚を信じ、見たい世界を見つづけようと意識できるかどうかだと学んだ出来事でした。

Jさんに借りたお金は倍にして返し、旅の最終目的地シアトルに向かいました。

そこで、また私は大きな「奇跡」を体験します。

「どう感じるか」「どう行動するか」ですべてが変わる

1か月半にわたる冒険旅行の最終日は、治安もよく美しい港町であるシアトルで、私はライブや観光を楽しみ、最高の時間を満喫しました。そして、いよいよアメリカを去る日の早朝、空港のチケットカウンターに行って、がく然とします。

乗るはずだった飛行機は、前日出発していたのです。なんと、私は帰国日を一日間違えていたのです。呆然としながら翌日のチケットを手配し、肩を落として前日宿泊した宿に戻りました。

最後の最後に、こんな失態を演じるとは……。さすがの私も落ち込みましたが、気を取り直して、これは、神様がプレゼントしてくれた一日だと思うことにしました。

そして、**きっとこの一日には何か意味があるに違いないと思いながら、散歩に出かけました。**

途中、海沿いの坂を登り切った場所で黄色いTシャツを着たひとりの黒人の男性が目に入りました。絵を描こうとしているのか、自分の前に据えた真っ白なキャンバスをじっと見つめていました。

彼の後ろ姿を見ながら、坂を下り、ダウンタウンを散策。夕方になってもピンと来る出来事がなかったものの、アメリカ横断旅行を十分に堪能したという充実感に浸りながら、また行きがけに通った坂へとやってきました。そこから見えるサンセットを眺めて帰ろうと思ったのです。

すると、朝見かけた男性が、まだ同じようにいるのです。キャンバスは真っ白なままです。

興味をもった私は、彼とサンセットが見える所に腰を下ろしました。

見ていると、彼の知り合いがやってきて肩を叩き、手話で話しはじめました。どうやら男性は耳が聞こえないようです。

そのうち、夕日が落ちはじめ、あたりを神々しい黄金色に変えていきました。膨張した光源となった太陽がものすごく大きく輝いています。

「ああ、なんて素敵な時間なんだろう」と思ったとき、**それまで静止していた男性が、突然動きはじめました。まるでパチッとスイッチを入れたように。**

そして、パレットに何色もの絵の具を出したと思ったら、全身を動かし、思いの丈をすべてぶつけるように、手を使ってキャンバスに色を塗りはじめたのです。

それは、いままでに目にしたことのないような美しい絵でした。

私には、宇宙から地球を描いた曼荼羅(まんだら)のように見えました。そして、両手を使って描くその姿は、「情熱」という言葉でしか表せないものでした。

人間は、こんなにも素晴らしい世界を表現することができるのだと、私は感動しました。いま目の前で、その創造の現場を見せてもらっていると思うと、涙があふれてきました。

海も周囲の光景も金色に輝く時間の中で、私は、全米旅行の最後に自分が自分に見せたかった景色はこれなのだと確信しました。

日が落ち切ってあたりが暗くなり、男性はキャンバスを片付けて帰っていきました。最後に、私の存在に気づき、笑顔で親指を立てサインを送ってくれたので、私も笑顔でサインを返したのでした。
このときのことは、いまでも大事な光景として心にくっきり残っています。

アメリカでは数え切れないほどのエンターテイメントを見ましたが、最後の最後に見たこのエンターテイメントがもっとも心に響いたかもしれません。この体験は、私の宝物になりました。これが２つ目の「奇跡」です。

この奇跡が教えてくれたのは、自分の心を使って物事を感じること、その感覚を楽しみ信じ切ることの大切さでした。

そして、これらの旅の出来事はすべて繋がっていたことに気づきました。
エルパソで財布を盗まれ、ロスでＪさんに助けていただき、ラスベガスで恐怖と不安に打ち勝ち、ギャンブルでお金を手にするというひとつ目の奇跡が起きました。
さらに、アメリカ横断旅行最終の地シアトルで、帰る飛行機の日にちを間違えたため、新たに飛行機代が50万円かかったのですが、ギャンブルで手にしたお金で問題なく支払えました。その結果、２つ目の奇跡のクリエイションに立ち会え、無事に日本に帰国できたのです。

これらを通して、私は、「この世界は、なんて尊いのだろう。クリエイションし見せてくれたのは、まぎれもなく内なる神だ」と思いました。

そして、「自分の心で感じ、笑い、対話し、心が喜ぶ楽しさを自分で選べる。それが、自分が生きているということだ！」と実感しました。

どんな出来事が起きても、心でどう感じるか、そして、それを自分なりにどう表現できるかが大事なのだと実感した旅でした。

日本に戻り、空港の駐車場に停(と)めておいたバイクのシートケースから携帯電話を取り出すと、**留守番電話に伝言メッセージが入っていました。**

それは知り合いからの、とある新たな仕事への誘いでした。

その電話をきっかけにして、私は帰国初日から、怒濤(どとう)のように空間プロデュースの世界へ飛び込んでいきます。

そこから18年間、空間プロデュースや演出に関わりますが、アメリカ横断旅行での体験が大いに役立ったことはいうまでもありません。

いますぐ笑顔になれる一日をクリエイションする意識創り

あなたが見ている世界は、あなただけの視点でしか見られません。

その世界をどんな気持ち（表情）で見るのか。それで、どんな一日をクリエイションするかが決まります。

「心の声を聞く」とか「感覚を信じる」といっても、漠然としていると感じる人もいることでしょう。また、仕事が忙しかったり家族のことに追われていたりすると、そうできないことがほとんどです。

そこで、笑顔になれる一日をクリエイションする意識創りをお伝えします。

それは、「口角を上げること」です。

いま、あなたの口角は下がっていませんか？

もしそうだとしたら、ニッと笑ってみてください。面白いことがなくても、口角を上げることはできますね。

口角が上がると、必然的に笑顔になります。「笑う門には福来たる」ということわざがあるように、口角が上がると幸運の門が開く。私は昔からずっと、そう思ってきました。そして、実際に口角を上げることを意識してきました。

「への字」になったら、門は閉じてしまいます。

福を呼びたいなら、口角を上げて門を開けましょう。

口角を上げるなんて、よく聞くことでしょうし、大したことではないように思えるかもしれません。**ですが、その力は絶大です。**

私は毎朝、オンライン上の動画配信で、「今日も口角を上げていこう！」としつこくサロンメンバーに言いつづけてきました。

「自分にできることなどない」とあきらめモードだった人が、好きなクラフトでオンラインショップを始めたり、クローズドなSNSでさえ顔出しNGだった人が、自分の活動を広げたいと地方紙に写真入りでイベント告知を出したり……。最初は戸惑っていたメンバーも、次第に表情がいきいきとして、人生が激変していきました。

口角を上げると、なんとなく元気が出て、幸せを呼び込める気がしてきませんか？

一瞬でもいいので、自分の中に生まれたその感覚を信じること。変化に気づくこと。

この意識と姿勢が、神クリエイションをつぎのステップへ進めます。

私たちが見ている世界は、信念をもとにクリエイションされていきます。私がラスベガスで「行ける！」と信じて結果を出したように。

それは、誰もが自分の信念をベースにして自分の世界をクリエイションしていけるということです。

口角が下がった自分で過ごすのか。

「今日もいい日にするぞ！」と口角を上げて過ごすのか。

どちらを選ぶかで、あなたが今日から体験する世界は大きく変わるでしょう。

いにしえより伝わる感情先取り現実化メソッド～予祝～

現実をクリエイションするしくみを、車にたとえて説明しましょう。

あなたが、目的地まで車を運転していくとします。

ここでいう目的地は、自分がこうなりたいと思い描いた現実です。

車体は肉体、運転手はあなた（魂）。思考は方向性を決めるハンドルで、感情は車を動かす原動力となるアクセル。ブレーキは、選択や判断です。


車を運転して目的地に行くために、まず大事なのは何だと思いますか？

それは、フロントガラスから見える世界（あなたが生きたい世界）をイメージで思い浮かべること。

普通の運転でも、はじめに目的地を決めてその方向に向かって車を走らせますよね。

神クリエイションでも同じです。**まず、創り出したい現実を想像し、そこに、「旗」を立てましょう。**

「こんなふうになりたいな」「これをやりたいな」と決めるのが、旗を立てるということです。

「これだ！」というイメージが湧くと、つぎに喜びやうれしさなどの感情が湧き、車体を動かす原動力となります。感情を味わえば味わうほどアクセルが踏み込まれ、加速していきます。

「うわあ、これをやりたいな！」と感じたら、まず感情を味わってください。

実際に、好きなことが浮かんだら、それと同時に喜びや楽しさが湧いてくるはずです。それを素直に味わいましょう。

日本人は古くから、先に喜びという感情を味わって物事を現実化する知恵をもっていました。

それが「予祝」という行事です。

神道では、その年の五穀豊穣（ほうじょう）を祈願して祝詞を書き、神職が大和言葉で奏上します。

また人々は、その際に豊作の前祝いをし、事前に収穫の喜びを味わっていました。

代々この行事を伝承してきた先祖を見習って、「目的地」にたどり着いたときにこみ上げてくるうれしさや高揚感を先に味わいましょう！

その先には、必ず歓喜の瞬間が待っています。

その歓喜があることを忘れなければ、どんなときも、さまざまな思いや出来事を受け入れて進めます。

思考を使って軌道修正しながら前進しよう

しかし、どれほど感情のアクセルを踏んだとしても、ハンドルを切らなければ、車はあらぬ方向に進んでしまいます。

そこで、思考の出番です。**思考は、窓から見えるビジョンに向かって方向性を決める重要な舵取り(かじとり)をします。**カーブや分かれ道に差し掛かったら、それに合わせて適切にハンドルをさばくのも、思考の役割です。

目的地に行くには、思考を使ってたくさんの人とコミュニケーションを取り、知識を身につけ、そのつど知恵を働かせて工夫しながら進んでいかなければなりません。

思考は、感情から大体0・1秒遅れてやってくるといわれています。

思考が浮かんできたら、その喜びを実際の世界で実現するにはどうすればいいかを、必要に応じて考えればいいのです。

ただ、くれぐれも順番を逆にして思考を先に働かせないように。「どうせ無理」「できっこない」とあきらめてしまうことになってしまいかねませんから。

進路の途中で何か起きれば、随時、選択や判断というブレーキをかけながら微調整していきます。

「選択や判断」はブレーキになるといいましたが、けっして「悪者」ではありません。むしろ、望む現実に行くために必ず必要なものです。普通の車でもブレーキが利かなければ、怖くて運転できませんね。

ブレーキを踏むのは、目的地に向かって進んでいるときに、「どっちの方向に行けばいいのかな」と速度を落として考えたり、障害物が現れたときにぶつからないよう一時停止したりするためです。

自分の思考や行動に対して選択や判断ができるからこそ、道を外れることなく、また方向を間違えることなく、現実を創造していけるのです。こう考えると、やはり大事なのは、目指すべき目的地をクリアに定めることだとわかるでしょう。

目的地をはっきり決めるためのきっかけとなるのが、先ほどの神クエスチョン①「本

当のあなた（神）が、大好きなこと、本当にやりたいことは何ですか？」です。

ただし、この問いに答えるときは、本当の自分から生まれた素直な感情、「心の言葉」をしっかり感じることが、何より大切です。なぜなら、「本心」を知るからこそ、内側から「こうなりたい！」という望みや「できるんだ！」という希望がふつふつと湧いてくるからです。

自分自身の本当の気持ちから出た願いでなければ、メディアがもてはやす「夢」や他人の「夢」を、自分のものだと勘違いしてしまう場合もあります。

たとえば、本当は家でペットと触れ合ったり料理を作ったりするのが大好きなのに、「あの人のように華やかな活躍をしなければ」と焦ったり、「いま人気の職業に就かなければ」と思い込んだりしてしまうのです。そうすると、自分の魂に刻まれた本当の「好き」「やりたい」を感じられなくなります。

では、どうすれば本当の気持ちに気づけるのか。また、道に迷ったり途中であきらめたりすることなく、情熱を湧き立たせながら進んでいくには、どうすればいいのか。CHAPTER 2で見ていきましょう。

CHAPTER 2

あなたがクリエイションするもの すべてに神が宿る

神クエスチョン②

「心の表情」に気づく

望む現実へ至るまでの道すじには、でこぼこ道や障害物もあれば、分かれ道もあります。時には、失敗したり間違ったりすることもあるでしょう。私もたくさんやらかしました。

でも、その瞬間瞬間の自分の感情に気づいていれば、まったく問題ありません。**不安になったり焦ったり、迷ったりしても大丈夫。神クリエイションでは、そんな感情も味わい、楽しみながら進みます。**

そのために、まっさきに意識してほしいことがあります。

それは、自分の本当の気持ちを感じることです。自分の本心を知り、受け入れて、創りたい現実を創る方向へ意識を向ける。CHAPTER 2は、この姿勢をマスターするところから始めていきましょう。そこで、質問です。

神クエスチョン②

Q あなたはいま、どんな「心の表情」をしていますか？

楽しい、うれしい、悲しい、腹が立つ、なんだか憂鬱だ。心は、そのときどきでいろいろな表情に変化しています。

しかし、そもそも……ですが、**本当の気持ちを感じることなく過ごしている人、心の表情に気づいていない人が多いのです。**

これでは、自分の本心を知ることができないので、神クリエイションのスタートラインにつけません。もう一度、聞きます。

あなたはいま、どんな「心の表情」をしていますか？

本当は、いろんなことを感じているのに、その感情にフタをして「のっぺらぼう」になっていませんか？

ドキッとしたあなたは、CHAPTER 1でお伝えしたように、口角をキュッと上げてみてください。実際の表情が変わると、感情も動きますから。

神クエスチョン 2

Q

あなたはいま、どんな「心の表情」をしていますか？

What would be your "expression of the heart" at the moment?

もし、「あ、ちょっと気分がよくなったかも」と思ったら、それが心の表情に気づいたということです。

誤解のないようにいうと、「いつもポジティブで機嫌よくしていることが大事だよ」というわけではありません。もちろん、それも重要なことですが、人間は生きていれば笑顔でいられないこともありますよね。当然、私にもあります。

大事なのは、どんな感情も否定せず、受け入れること。そして、そこからいかに自分の創りたい現実をクリエイション（創造）していくかということです。そのためには、**まず自分の心がどんな表情をしているかに気づいている必要があるのです。**

自分で自分の気持ちを創れば、もう振り回されない

「心の表情」に気づくことは、神クリエイションにおける基本中の基本なので、もう少し深掘りしていきましょう。

自分の心の表情に気づいていない会社員、A子さんの一日を例に見ていきます。

朝、いつもと同じ時間に目覚めたA子さん。まだ眠いし体はだるいし、「会社に行きたくないなあ。せめて、リモートワークになればいいのに」と思いながら、テレビを見つつ朝食をとり、急いで支度をして、憂鬱な気持ちで電車に揺られて会社に向かいます。

出社するなり、嫌いな上司に呼ばれて提出していた書類についてダメ出しされ、さらに不快な気持ちに。お昼に仲良しの同僚とランチして上司のグチを言い、少し持ち直してやる気が出ますが、食後は眠くなりウトウト。

メールや電話の対応をしているうちに終業時間になり、疲れたなと思いながら帰宅。夕食をとりながら気晴らしに晩しゃくをして、大好きな動画を見ながら大笑い。気分が上がったところでお風呂に入り、やっと心身ともに落ち着き、就寝タイム。そして翌朝……と、同じループが続きます。

では、A子さんが心の表情を意識していたらどうなるでしょう。

表情が明るくなるように、その場その場で何かしらの対応が取れます。

たとえば朝、どんよりした心に気づいたら、華やかな気持ちになるアロマを部屋で焚いたり、電車の中でテンションの上がる音楽を聞いたりできます。さらに、会社で上司から叱られてイラッとしたら、「つぎはこうしてみよう」と改善法を考えたり、「これは相手のこじつけで、私は悪くないから無視しよう」と受け流したりできます。**つまり、心の表情を変えるための対処法をそのつど選べるのです。**

また、そもそも「仕事が嫌だな」という「心の表情」がベースにあるのなら、「じゃあ、転職した方がいいのかな」「この場所で気分よく過ごすには何を変えればいいかな」などと、つぎのアクションを検討することができます。

心の表情を意識していたら、いつでも自分自身で心の表情を変えられる。もっといえば、自分で自分の気持ちを創ることができるのです。

逆にいえば、**自分の「表情」を知らなければ、いつまで経っても外側の環境や起こる出来事に振り回されていなければなりません。**そうすると、ずっと「外部からもらった表情」で生きることになり、自分自身の本当の表情には気づけないままになってしまいます。

だから、しつこいようですが、神クリエイションを発動させるために、まず心の表情を意識していただきたいのです。

本心とは別の仮面をつけていませんか？

心の表情に気づくとは、少し硬い言い方をすると「自分と対話する」ということです。

私たち人間は、あらゆるものと対話しながら生きています。

他人や自分自身はもちろん、動物や自然（海や山、空、植物や鉱物）など、その対象はさまざまです。ちょっと振り返ってみていただきたいのですが、あなたは、動物や自然と対話するときには、どんな心の表情で向き合っているでしょうか。

たぶん、そこに批判や判断が入ることは、まずないと思います（ペットが言うことを聞かないときは多少腹が立つこともありますが〈笑〉）。

しかし、人間相手だとどうでしょう。**自問自答したり、人と話したりするときには、結構な割合で、批判や判断が入っているのではないでしょうか。**

特に、自分自身と対話する際には、いつも批判や判断をしているのではないかと思います。そして、本当の表情を押し込めてしまってはいませんか？

たとえば、何かワクワクすることを思いついたとき、あなたはどうしていますか？

その先がどうなるかを予測して、すぐ否定してしまう。

「本当はこうしたいな」と思っても、人に遠慮して自分の意思を引っ込めてしまう。

起きた出来事を自分の価値観に合わせてジャッジし、いい悪いを決めつけてしまう……。そんなことが多いのではないでしょうか。

一日の中で、誰といちばん長く対話しているかといえば、自分自身です。意識するしないにかかわらず、私たちは自分と常にコミュニケーションしています。

無意識で続けているそのコミュニケーションを意識的に行い、望む現実を創るためのプロセスにする。これも、神クリエイションの重要な側面です。

では前述のように、自分の思いをジャッジして抑え込んだり、本心とは別の仮面をつけてしまったりするのは、なぜでしょう。

人間は、過去に学んだことや人から言われたことを、いまも信じつづけているから。その信念をもとに、「今後、こうなるのではないか」「これが正しいはずだ」と考え、自分なりのストーリーを作り出しているからです。

多くの人は、そのストーリーに翻弄され、自分が本当にやりたいことに気づかなかったり、好きなことをやるのをあきらめていたりするのです。

その背景には、「昔はこうだったから」「誰かにこう言われたから」「常識はこうだから」「私の条件はこれだから」といった思い込みや知識があるのです。

実際に、怒りや不安が湧いたときには、過去の出来事も一緒に浮かび上がります。それは、人間であれば仕方ありません。ただし、その思考にずっと浸っていると、ストーリーはネガティブな方にどんどん展開していきます。

脳科学では、喜怒哀楽の感情は90秒しか持続しないといわれています。

それ以上、一定の感情が続くとしたら、自分自身が思考によってその感情を選んでいるのだそうです。

もしネガティブな感情が湧いたら、あなたの前には2つの選択肢があると思ってください。

ひとつは、その感情を過去のストーリーで繋（つな）ぐ選択。

もうひとつは、**望む現実を創るための新しいストーリーで繋ぐ選択です。**

ポジティブな方向に感情を向けて現実創造のパワーとしたいのなら、選ぶべきは後者です。

心のつぶやき……「でも」「だって」「だけど」を大事にしよう

この世界にはコントラストがあり、善もあれば悪もあり、幸せもあれば不幸もある。

必ず物事は2つの面で成り立っています。私たちは、どちらか一面だけを見て、善悪や良し悪（あ）しをジャッジしがちですが、それは違います。

ある視点から見れば善でも、別の視点から見たら悪だったということもあれば、不幸に見えたことが幸福に変わることだってある。本当は、どんな物事も表裏一体であり、ジャッジなんてできません。

そんな世界で「好き」を生きるために大切なのが「素直さ」なのです。

もちろん、社会や特定の人の言うことに対して、素直であれといっているのではありません。

自分が好きと思うことは、好き。嫌なことは、嫌。本心（魂＝神）に従って、そう言えるあり方が「素直さ」です。

意外かもしれませんが、「でも」「だって」「だけど」といった言葉も、素直さのひとつの現れです。

これらの言葉が普通の会話に出てくるのであれば、「素直」とはいえません。

しかし、自分の本心からその言葉が出ているのであれば、それもひとつの「心の表情」です。

浮かんできた思いをきちんと受け止めて、「なぜ、こんな気持ちになるのだろう」と自分の心に聞いてみたら、そこからさらに自分の気持ちを深掘りできます。すると結果的に本心に気づけます。そこから新しいクリエイションが始まっていくでしょう。

自分の心を貫くことができなければ、突き抜けられない！

自分の本当の表情（感情）がわかれば、情熱が生まれます。すると、自分の内側にあるものを正直に表現したいという欲求が湧いてきます。

私は、**自分の望む世界を創るために、本心に正直でいようと思いつづけてきました。**

20代で映像ディレクターをしていた頃の忘れられない出来事があります。

当時は、ミュージッククリップの制作をしていましたが、経験が浅い上に、大勢が関わる現場で自分の世界を表現するためにチャレンジ続きの毎日でした。

しかし、自分のクリエイションをしたいという気持ちだけは、誰よりも強くもっていました。

あるとき、大御所のカメラマンの撮影にどうしても納得できず、意を決し「すみません！　ちょっといいですか」とダメ出しをしたのです。

業界では名の通っている有名カメラマンに、新人のディレクターが意見するのですから、相手は当然反発します。

しかし、**自分の心の表情はNOと言っているので、私も引き下がるわけにはいきません。**「自分の創りたい世界を創るために、いま意見を言わなかったら、自分ではない。いい子でいたらダメだ！」と覚悟し、無我夢中で指示を伝えました。

怖くて相手の顔を見られなかったので、目をギュッとつぶりながら思いをぶつけたのを覚えています（笑）。

結局、カメラマンとの話し合いで3時間も撮影を中断。最終的に相手が折れて、なんとか撮影を終えました。

後日、先輩ディレクターから「そういう場合は、自分の意見だけを通さず、何パターンか撮ればいいんだ」と言われたというオチがつきますが、納得のいく作品に仕上がりました。また、カメラマンにも謝りに行き、「ガンコ一鉄」と言われ、笑い話となり無事和解することができました。

「ここで踏ん張れなかったら、オレは突き抜けられない。自分の望むものなんか作れない」と、私も必死でしたが、このことがひとつのターニングポイントになり、視野が広くなったのは間違いありません。

自分がどんな表情で、何を思っているのか。どんな世界を創り出していきたいのかを貫いていこうと思った出来事です。

このとき以来、自分の表情がどのようなものだとしても否定せず、心を切り替え、自分の信じる世界を創っていけるようになったのです。あの場面で自分の心を無視しなかったからこそ、いまがあると思っています。

どんな現実もポジティブに変えるエネルギー循環の法則

まだ私自身、若く尖(とが)っていた時代の話をしましたが、もちろん他人と衝突することが神クリエイションだといっているのではありません。

自分の望む現実、こうありたいと思う心の表情を自分自身で創っていく。そして、**自分のエネルギーをアウトプットし、外側とうまく循環させていくことが大事なのです。**

そのためにも、心の表情は大事です。そのときどきで心の表情に気づくことができていたら、喜怒哀楽のどんな感情が訪れていても、自分でその表情を望むものに創り直せます。

どんな出来事が起きてもフラットに受け止め、自分にとって快適なエネルギーに変換し、循環させていけるようになります。

すると、いい気分が続きやすくなり、それに合わせて現実も変わっていきます。

その状態を創るために、**まずは、起こる出来事と自分の関係をエネルギーの循環として捉えましょう。**自分から発するエネルギーを変えていけば、必ずそこから受け取れるものは変わってきます。

では、どんなふうに心の表情を創り直し、循環させていけるのか。そしてその結果、何が起きるのか。最近、私に起きた出来事を例にお話しします。

2021年の元旦のことです。思い立って大晦日の夜に故郷福島までドライブに出発し、海岸から初日の出を撮影。元旦早々、素晴らしい時間を過ごしました。想像していた以上に美しい写真が撮れて、「今年は最高の一年になるぞ！」と喜びながら駐車場に停めていた車まで戻ったのです。

すると、なんと前方のナンバープレートが外れて、車体に立てかけられているではありませんか。「え!?」と驚いていると、近くから純朴そうな若者が「すみません！」と駆け寄ってきました。

「さっき、ぶつけてしまってプレートが外れてしまいました。本当にすみません！まだ僕は大学生で、免許をとったばかりなんです。事故を起こしたのは初めてで……」

と動揺しています。

私も動揺していましたが（笑）、すかさず「大丈夫。元旦早々、人生初の出来事が起きたなんて、今年は当たり年になるよ！」と答えて、相手を安心させました。

そして、警察を呼び、事故処理をしてもらうことにしました。

正直なところ、せっかく最高の気分で戻ってきたのに元旦から事故に遭い、内心、憂鬱になりました。

でも、その心の表情を受け止めてこう思ったのです。

起きる出来事はすべてメッセージだ。新年の始まりに素晴らしい時間を過ごした後に、この出来事が起きた意味は何だろう、と。

とりあえず車内で待機し、ふとダッシュボードに置いていたナンバープレートに目をやって、「あ！」と思いました。

私のナンバープレートは「８８８８」ですが、日光を反射してフロントガラスに「無限大（∞）」が４つ並んでいるように見えたのです。

無限大は、エネルギーの循環と捉えることもできます。

ある意味、最強のパワーの象徴です。そんな無限大が４つも並んでいるなんて、新年からなんてすごいメッセージを見せてもらったのだろうと、初日の出を撮っていたときの高揚感がまた蘇（よみがえ）ってきました。

郵　便　は　が　き

料金受取人払郵便

新宿北局承認

8890

差出有効期間
2023年 7 月
31日まで
切手を貼らずに
お出しください。

169-8790

154

東京都新宿区
高田馬場2-16-11
高田馬場216ビル 5 F

サンマーク出版愛読者係行

ご住所	〒　　　　都道府県	
フリガナ		☎
お名前		（　　　）
電子メールアドレス		

ご記入されたご住所、お名前、メールアドレスなどは企画の参考、企画用アンケートの依頼、および商品情報の案内の目的にのみ使用するもので、他の目的では使用いたしません。
尚、下記をご希望の方には無料で郵送いたしますので、□欄に✓印を記入し投函して下さい。
□サンマーク出版発行図書目録

1 お買い求めいただいた本の名。

2 本書をお読みになった感想。

3 お買い求めになった書店名。

市・区・郡　　　　　　町・村　　　　　　書店

4 本書をお買い求めになった動機は?

・書店で見て　　　・人にすすめられて
・新聞広告を見て(朝日・読売・毎日・日経・その他=　　　)
・雑誌広告を見て(掲載誌=　　　)
・その他(　　　)

ご購読ありがとうございます。今後の出版物の参考とさせていただきますので、上記のアンケートにお答えください。**抽選で毎月10名の方に図書カード(1000円分)をお送りします。** なお、ご記入いただいた個人情報以外のデータは編集資料の他、広告に使用させていただく場合がございます。

5 下記、ご記入お願いします。

ご職業	1 会社員(業種　　)2 自営業(業種　　) 3 公務員(職種　　)4 学生(中・高・高専・大・専門・院) 5 主婦　　6 その他(　　)		
性別	男・女	年齢	歳

ホームページ http://www.sunmark.co.jp　　ご協力ありがとうございました。

望まぬ事態が起きたときの意識の選択法

もし、この出来事が起きたとき、私がイライラしたり「新年なのに最悪だ」と落ち込んだりしたら、ネガティブな方に意識が向き、きっとナンバープレートを見ても、何も思わなかったはずです。

どれだけポジティブなやつなんだと、自分で自分にツッコミを入れながらも、**「最悪の元旦」にするか「最高の元旦」にするかは、やはり意識のもち方次第で、自分で選べる**のだと思いました。そして、どんなときも、自分自身で自分の世界は創れると改めて知ったのでした。

長くなるので割愛しますが、大学生の彼ともよい交流ができ、私は、最高の気分で東京へと戻ったのでした。

ネガティブな言動に接したり望まぬ事態が起きたりしたときは、「ちょっと待てよ」

と立ち止まり状況を俯瞰（ふかん）する。そして、**自分が放つエネルギーを選ぼうと意識する。**この姿勢が、感情を落ち着かせ、現実を新たにクリエイションしていきます。

このとき、「本当の自分」に軸足を置いて、状況を俯瞰しましょう。

あなたの気分やあなたが放つエネルギーを決めるのは「現実」ではなく、自分自身。自分が、どんな現実を経験したいかです。

それを決めていれば、何が起きてもしなやかに受け止め、自分の望むエネルギーを循環させていくことができます。また、どんな出来事からでも学びや気づきを得ることができます。

私たちは、どのようなエネルギーが来たとしても、必ず自分の望むエネルギーに変えていけます。それを理解できていたら、どんなときも最高のエネルギー循環になるでしょう。

ちなみに、この本の冒頭に載せている日の出の写真がこのとき撮影した写真です。

人間関係は、神と神のクリエイション

この原則は、ふだんの人間関係にも当てはまります。

私たち一人ひとりが神ですから、この地球には70数億の神が存在していることになります。

そう考えると、**すべての人間関係は、「神」と「神」が共同作業によって行うクリエイションです。**

さまざまな神々がいるからこそ、彩り豊かなクリエイションやストーリーが生まれます。

ですから、もしやりたいことがあったとしたら、黙々と取り組むのではなく、「私、こんなことをやりたいんだ」と他の「神」にも話してみてください。

すると、あなたに共感した神たちが「それ、いいね！」と応援してくれます。あな

たのエネルギーに共鳴して、同じエネルギーを返してくれるのです。

また、イラッとする相手も神だと思うと、心の余裕をもって対処でき、いい循環を起こせるでしょう。

時には、あなたを批判してきたり、ジャッジしたりする神もいると思いますが、**そんな神たちは、あなたを「本当の気持ち」に向かわせてくれる存在です。**

彼らの言動によって、自分の本心を確かめられるので、究極的には、あなたが幸せになるように導いてくれると考えてください。

ちなみに、あなたが本当に好きなことをやっていくとき、まっさきに批判やジャッジをするのは、たとえば、家族やパートナー、親友など、あなたにもっとも近い神の場合が多いでしょう。

でもほとんどの場合、彼らは、あなたを否定するつもりはなく、単にいつもの口ぐせや、それまでの考え方のパターンで発言しているに過ぎません。

感情的には揺さぶられるかもしれませんが、そのようなときこそ、「そんな考え方もあるね」といったん相手を受け止めて、「でも、私はこう思うんだ」と淡々と切り返しましょう。

そして、あとは自分のクリエイションに集中すればいいのです。

ネガティブな現実を大転換させる「遊び心」と「ユーモア」

ただし実際には、他人から嫌な言動をされたりトラブルが起きたりして、ネガティブなエネルギーがやってきたときには、カチンと来るでしょう。つい、自分も同じエネルギーを返したくなるのもわかります。

しかし同時に、ネガティブな感情や出来事を面白がったり楽しんだりして、自分がいいと思えるエネルギーを放つという選択も、あなたにはできるわけです。

大げさにいえば、**めちゃくちゃ深刻な問題からでも、エネルギーの大転換を起こして、人生に革命的な変化を生み出すこともできます。**

これは、この先あなたが感情をいったん受容し、選択しながら現実を創っていく上で、とても重要な視点です。

自分が経験したいことを決めていれば、たとえ時間がかかっても、困難なことが起きたとしても、そこに向かうための考え方が湧いてきて、「在り方」が創れます。

このとき大事なのは、遊び心をもつこと、そして、ユーモアを忘れないことです。

小学生時代のちょっと笑えるエピソードをご紹介しましょう。

たしか5年生頃だったと思います。ある日突然、仲のよかったグループ全員から無視されました。前日まで普通に話していたのに、ある朝、急に誰も口をきいてくれなくなったのです。理由はわかりません。

最初は「なんでだろう」と悩みましたが、だんだん腹が立ってきました。

そこで私は、当時、兄が持っていたラジカセを借りて、友人たちに対する文句をダーッと並べ立て、録音してみたのです。

それを再生して聞いてみました。すると、自分のしゃべった言葉がラップのようなリズムになっていて、めちゃくちゃ面白かったのです。

楽しくなった私は、友人たちのあだ名を考えてラップに盛り込んだりして録音に励みました。**あまりにもおかしくて、ひとりで笑いながら作業に夢中になって2、3日過ごすうち、無視されていることなど、どうでもよくなりました。**

そしてある日、その友人たちを家に呼び、録音したラップを聞かせたところ、全員大爆笑。結局、無視されはじめて1週間ほどで仲直りできました。

このときの経験は、一見ネガティブな事態が起きても、自分次第で楽しい出来事に変えられると学ぶきっかけになりました。

たとえば、売り言葉に買い言葉で応じてケンカしたり、口答えをする子どもにイラッとしてさらに厳しく叱ったりするのは、同じエネルギーを返していることになります。しかし、もしケンカを売られたとしても、笑顔で「え、何?」と明るく受け答えしていれば、相手もやる気をなくしてしまうでしょう。

自分の心の表情は創れるということを体験するいい機会だと思えば、**あなたの周りの神の言動はすべて、現実創造のサポートになります。**

偽りのない気持ちこそが最高のクリエイションを生む

それでも、時にはどうしても気分が晴れないこともあれば、心が土砂降りになることもあるでしょう。どんな表情であっても、「自分はいま、この表情なのだ」と気づけていれば、そこから偽りのない自分の気持ちを感じてクリエイションしていけます。

芸術家やクリエイターたちは、自分の心の表情をそのまま作品で表現しています。音楽であれ映像であれ、絵画や立体アートであれ、そこにアーティストの心の表情が現れているからこそ、私たちは感動するのです。

たとえ、表現されたものが悲しみや怒り、苦悩であったとしても、それが作者の真実の心から出ているものであれば、見る者は共感し、心を打たれます。

とある写真家の作品に、こんな面白いエピソードがあります。

あるとき、彼は大失恋しました。

部屋には、自分が撮った彼女の写真が一枚飾ってあったそうです。彼女への思いを断ち切るには写真を飾っていてはいけないと思った彼は、怒りや悲しみの中で写真をグシャッと丸めて捨ててしまいました。

しかし、しばらく経って冷静になり、一度ゴミ入れに捨てた写真を拾って広げ、改めて見てみたのだそうです。**クシャクシャになった写真には、自分の感情がそのまま表現されていると気づき、そのシワだらけの写真を撮り、作品として発表したそうです。**

その話を聞いたとき、これこそクリエイションだと、私は思いました。

私たちが生きる毎日には、歓喜や笑顔だけがあるわけではありません。

悲しみにうちひしがれることもあれば、涙にくれ、怒りに震えることもあります。**そんな自分の感情をごまかさず認めること。**そこから、本当のクリエイションが始まります。

このように見てくると、どんな感情も「宝物」だと思えてきませんか？

ネガティブな感情を
ポジティブな現実創造に変容させる方法

映像ディレクターや空間プロデューサーの時代に、ギリギリの現場で、怒鳴ったり怒鳴られたりの感情的なぶつかり合いが起きたときも、悔しさや闘争心をうまく使っていました。

たとえば、誰かと衝突して「悔しい」という感情がブワッと湧いてきたとしたら、**「なぜ、悔しいと感じたんだろう」と、その感情を分析し、方向転換し前向きな行動に繋げていました。**

また、怒りを相手にぶつけるのではなく、「認められなくてもいい。ただ自分は本気で向き合ったのか?」と、もっと自分との対話に自分のパワーを使っていたのです。すると、怒りのパワーをやる気に変換でき、仕事でもよい結果を出すことができました。

このとき、意識していたのは冷静さです。感情に振り回されていたら、自分の創り

て2日で会場設営するという力技もこなすので、トラブルも日常茶飯事。

心身ともに追い込まれて、さすがに感情が麻痺(まひ)し、自分が何をしているかわからなくなるときもありました。

それでも私の指示がないと何も動かないので、さまざまなことを判断していかなければならない。そんな状態に**メンタルが追いつかず、キャパを超えそうになったときに助けてくれたのが、この1分間瞑想です。**

瞑想といっても、習っていたわけでもないし、瞑想をしようと思ってやっていたわけでもありません。

ただ、頭がパンクしそうになってリセットをしないとまずいと思ったときに、トイレに行き、便座に腰かけて目を閉じ、静かに1分ほど呼吸していたのです。

すると、心が落ち着いて自分を取り戻せたのでした。


この瞑想には、大事なコツがあります。

呼吸しながら、イメージを使って、お尻から地球の中心に向けて重りをグーッと下ろしていきます。最後に、その重りを地球の核まで下ろすと、地球としっかり繋がれ

ます。

そうすると、それまでの思考だけがクルクルと忙しく動いていた状態から、意識が全身に広がり、平常心を取り戻せたのです。それが「グラウンディング」と呼ばれる方法だと、後で知りました。

追い詰められた状態をなんとかしたいと試行錯誤の末、当時の自分なりにたどり着いた方法でした。長い時間瞑想するのはむずかしくても、1分だけなら簡単です。

短時間でありながら、やる前と後ではエネルギーがガラッと変わるので、ぜひ試してみてください。終わった後に、その行為をした自分に「ありがとう」と口角を上げると効果絶大です。

1分間瞑想アレンジバージョンで「不動の心」ができる

この瞑想には、強力なアレンジバージョンがあります。

頭がカッとしたときやパニックになったときに最適な瞑想です。生まれたきっかけは、現場でのトラブルでした。

あるとき、舞台設営の協力会社の人に「もう、この仕事はやらない！」とそっぽを向かれてしまったのです。

空間プロデュースは集まった大勢の人を動かすのも仕事。その中で、「言った、言わない」の衝突や考え方の違いで揉めるのはよくあること。とはいえ、このときは困りました。ここで投げ出されたらショーは成立しません。

私も頭に血が上っていましたが、「すべてを統括するプロデューサーがこれではいけない。心を落ち着かせよう」と、トイレに行き瞑想を始めました。

しかし興奮しているせいで、うまく瞑想できません。

そこで、**人差し指で自分を指し、「おまえはいま、どこにいる？」と問いかけてみたのです。**外側に向いていた意識を内側に戻し、自分自身に焦点を当てたいと無意識に思ったのかもしれません。

「ここか？」とつぎつぎに場所を変えながら探すと、眉間に人差し指が行きました。

気持ちを落ち着かせようと考え、指先に意識を向けながらゆっくり下ろして胸を指し、そこでいったん止めました。その後、指をお腹(なか)の方に下ろしていき、最後は、地面に向けました。**そして、意識を地球の核へともっていくと、頭に上っていた「気」がドーンと下がって、冷静になれたのでした。**

トイレから出た私はすっかり別人のようになり、もう「不動の心」です。本心で話ができ、「さっきは感情的になってすみませんでした!」と謝って和解し、事なきを得ました。

人に怒りをぶつけそうになったとき、ショックなことが起きて自分を見失いそうになったときに役立つ方法です。

意外な自分の本音が洗い出されるボイスメモ

声を使った感情の切り替え方もご紹介しましょう。

先ほど、小学生時代に自分の気持ちを録音した話を紹介しましたが、その進化版で、ボイスレコーダーを使います。自分の思っていることをボイスレコーダーに向かって話していくのです。

じつは、私は子どもの頃からディスレクシア（読字障害）があり、文字の読み書きが苦手です。そこで会社員時代に、プレゼン資料や進行台本を書く際には、一度ボイスレコーダーに考えていることを録音し、それを聞きながら紙に落とし込んでいました。

あるとき、**心の中にわだかまっていたことを録音して聞いてみたのです。すると、感情の整理ができて、思わぬ発見がありました。**

以後、もやもやしたときや腹が立ったときにこの方法を使い、気持ちの切り替えをするようになりました。

この方法の目的は、まず負の感情を自分の外側に出すことです。

思いを外に出せないから感情が内側にたまり、思考がぐるぐる働きはじめて過去のストーリーが展開されていくのです。

旅行や運動で気晴らししたり、誰かに話したりしてもいいのですが、アウトプットして自分で確認する行為は、それらとは違う特別な効果があります。そのプロセスで心が整理され、自分の気持ちを一歩引いて客観視できるのです。

すると、それまで気づかなかった正直な気持ちと向き合えます。

私もいまだにときどきやっていますが、再生して聞いてみると「バカなこと言ってるなあ。それって本心なの？」と笑えてきます。

もし、悩みごとや腹が立つことなどがあったら、ボイスレコーダーやスマホの録音機能を使って、自分の思いを録(と)ってみてください。

たとえば、失恋して悲しい気持ちを録音し聞き返してみたら、本当はまだ伝え切れていなかった気持ちがあったと気づくかもしれません。

そのときは、もう一度相手に思いを伝えれば、結果はどうあれ「やれることはやり切った」と思え、心に決着をつけることができます。

あるいは、聞き返すうちに、本当はとても悲しいのにがまんしていたことに気づいて、また悲しみが湧き、泣いてしまうこともあるかもしれません。

しかし、そこで感情をすべて出し切れば、心がスッキリして、その恋をきちんと終わらせることができます。

録音する際のコツは、恥ずかしがらず、感情を込めて本音を話すこと。自分の素直な気持ちをそのまま口に出すことです。

特に、感情が湧き上がって爆発している間は、ただひたすらその気持ちを吐き出していきます。**最初に、「本当のことを言うね」「正直に話すね」と前置きすると、「あのとき、本当は〇〇と感じたんだ」「じつは、むちゃくちゃ悲しかった」などと、自分の気持ちをスムーズに話せるでしょう。**

その後、少し落ち着いてから、自分の気持ちをさらに見つめて、「これって、どんな感情なんだろう」と自問自答してみると、より本音の部分に近づけます。

そこで、出てきた気持ちをすべて受け入れて、そこからどうしたいかを考えていく……。自分の中に区切りがつくまで、このプロセスを繰り返します。

もし、嫌な状況に悩まされているとしたら、つぎのように質問しながら、自分の気持ちや解決法を探っていくのもひとつの方法です。

「いま、どんな気持ちなの？」「本当はどうしたい？」

「いまの状況を受け入れられる？」「これからも、この状況を続ける？」

落ち着ける環境を作りづらい人は、カラオケボックスを利用すると、周囲に遠慮することなく自分に集中できます。


よく紹介されている方法ですが、紙に感情を書き出していく方法もおすすめです。気が済むまで書いていくと、気持ちが切り替わるタイミングがやってきます。

ただし、感情をダイレクトに出したい場合は、録音する方がいいでしょう。書くとどうしても思考が入ってしまい、本音の部分にたどり着きにくくなるからです。

自分の声で自分自身に気持ちを尋ねると、感情にダイレクトに響きます。そして、意外な本音が出てきたりします。その作業は、自分で自分を癒やしていくセラピーになるでしょう。

また、心からの望みが洗い出されるので、「本当にやりたいことはこれだったんだ！」と気づくきっかけにもなるはずです。

「気枯れ」になる前に、自然に助けてもらう

「もう、頭も心もヘトヘトだ」というときには、自然にもたくさん助けてもらいました。

自然の偉大さを実感したのは、空間プロデューサーのアシスタント時代です。あるとき、「体力も気力も限界だ」と感じて仕事を抜け出し、多摩川へバイクを走らせました。身近な自然の中で、少しだけでも息抜きしたかったのです。

ところが、川辺の砂利の上に座り、川の水に手をつけているうちにウトウトとしてしまったのです。我に返ると、2時間が経っていました。

気がつけば、**それまでの疲労が嘘（うそ）のようになくなり、すっかりクリアな状態に。**このときは、本当に驚きました。

その後も、休みが取れたら必ずといっていいほど、自然の中に出かけました。

山や川、海、森や林の中にいると、霧が晴れるように悩みが消えて心身がクリアになっていきます。

心が疲れたら、気持ちが枯れる「気枯れ」になる前に、太陽の光や風、木々の緑などを感じ、自然のエネルギーに触れて、自分自身を取り戻しましょう。

本当のわがままを通そう！「好き」にルールはない

CHAPTER 2では、神クリエイションの起爆剤や原動力となる感情の切り替え方や整え方をお伝えしました。CHAPTER 3からは、いよいよ実践に入りますが、その前に、準備の最終仕上げをここで行います。

まず、神クエスチョン①「本当のあなた＝神が、大好きなことや本当にやりたいことは何ですか？」で、出た答えを思い出してください。

遠回りに思えるかもしれませんが、ここは大事なポイントですから、丁寧に進んでいきましょう。

Q　本当のあなた（神）が、大好きなこと、本当にやりたいことは何ですか？

CHAPTER 1で答えが出た人も、自分の好きなことがわからなかった人も、もう一度思い切り「わがまま」になって考えてみてください。

あなたはもしかすると、わがままはいけないと教えられてきたかもしれません。

しかし「わがまま」とは、自己中心的な行動や非常識な振る舞いとは違います。

「わが」は「我が＝自我」であり、「まま」は「感じるままに」ということ。

つまり、自我が感じるままに行動することが、本来の「わがまま」です。

だから、自分自身を思いやる気持ちを抱いて、好きなことを感じるままに探求していってもらいたいのです。

この現実世界には、一般常識や守らなければならないルールがあります。しかし、**自分が何をどう感じるかは自由です。**

特に、自分の「好き」は自由そのもの！　**「好き」にルールはありません！**

「好きだなあ」と思うのなら、心のまま、感じるまま、その「好き」をもっと拡大させていけばいいのです。

わがままになって、自分の「好き」に向き合いましょう。

あなたは、自分の「好き」をどう表現し、どう味わいたいのでしょうか。

「好き」から何かを得たいのか。あるいは、「好き」から何かを生み出したいのか。それとも、「好き」にどっぷり浸っていたいのか……。

急ぐ必要はないので、たっぷり時間をかけて感じてみてください。「好きこそ物の上手なれ」のことわざがあるように、好きの気持ちは生きて育っていくものです。

「好き」だからこそ、エネルギーが生まれ、言葉が生まれ、行動が生まれます。

私たちは生きている限り、常に考え、感情を湧き立たせて、そのエネルギーを使って表現しつづけています。

何度もいいますが、あなたには現実をクリエイションする力があります。

その力を、「あきらめ」や「惰性」「習慣」でなんとなく使ってしまうのは、めちゃくちゃもったいない話です。

もって生まれたその力を、自分の「好き」を探求することに使ってみましょう。

神クエスチョン③ 俯瞰し創造主であることを思い出す

じっくり、そして楽しく、自分の「好き」を探せたでしょうか。
では、質問します。

神クエスチョン③
Q あなたは、なぜ「それ」が好きなのでしょうか？

これまで、やりたいことや好きなことはわかっていても、「なぜ私は、これが好きなのだろう」「どうして私は、これがやりたいのだろう」とじっくり掘り下げてみる機会は、あまりなかったかもしれません。

神クエスチョン 3

Q

あなたは、なぜ「それ」が好きなのでしょうか?

Why would you like "it"?

じつは、この質問に答えるのは意外にむずかしいのです。なぜなら、自分の「好き」について、多くの人はそんなに深く考えた経験がないからです。

でも、改めて「なぜ」と自分に聞いてみると、人はその問いに答えようと自分の内側に入っていきます。

そこで心の表情をしっかり感じてみると、必ずそこに答えがあります。

その答えが「どうしてもやりたい思いがあるから」「好きという気持ちがむくむくと湧き上がるから」といった感覚的な言葉でもかまいません。また、「愛を表現したいから」「美を追求したいから」などの抽象度の高い言葉でもいいのです。

神クエスチョン①の「大好きなこと」「やりたいこと」と、ここで見つけた答えが融合するからこそ、あなたの魂からの望みが明らかになり、現実として創造されていく神クリエイションの原点に立てるのです。

神クリエイションにおいて、これはとても大事なプロセスです。この2つの問いの答えに、**これから先のあなたの探求に必要なものの8割が入っているのです。**

また、この質問によって、あなたは、いま自分の見ている世界から1メートルほど下がって、現実を客観的に捉えられるようになります。

「1メートル下がる」というのはもちろん比喩ですが、**自分の出した答えの「理由」を考えることで、前のめりになって見ている世界から距離を置き、俯瞰できるのです。**

そうやって俯瞰すると、視界が広くなり余裕や遊び心が生まれます。意識も広がって、いろんな可能性に気づくこともできます。

「なぜ?」と理由を考えることは、世界地図を広げて地球全体を俯瞰するようなものだと思ってもらうといいかもしれません。

地図を前にして世界全体を見ているときと、自分の身の回りだけを見ているときの意識は大違いで、世界を俯瞰していると意識がものすごく広がりますね。その広がった意識は、大事なことを教えてくれます。

あなたの魂が神であり、あなたが創造主であるということを――。

CHAPTER 3

実践！　神クリエイション
～「神設定」で人生思い通り～

突発的なルート変更があったとき、どうしますか？

いよいよ神クリエイションの実践に入っていきます。

ここでもう一度、神クリエイションのしくみを端的にまとめましょう。

「神」「創造主」として、もともともっているクリエイション（創造）の力を開花させ、望む現実を創ること——これこそが神クリエイション。

自分の力を信じ、創りたい世界を信じる。それが信念となり、ありえない奇跡やシンクロニシティを生んで、未来を変えていきます。

このしくみに気づかないと、現実に翻弄されてしまいます。

時には、突発的な出来事が起こり、強制的にルート変更させられる場合もあります。

私の例をご紹介しましょう。

最初に働いたCMプロダクションでのことです。

入社早々、超売れっ子だったCM監督の下についたのはよかったのですが、毎日がハードすぎました。アシスタントとしての激務の他に、勉強のために毎日50本ずつ企画案を提出。しかも仕事の後は毎晩、監督のお酒につき合わなければならなかったのです。その上、睡眠2時間で考えていった企画案は、いつも完膚なきまでけなされ、目の前でビリビリに破られる始末。

疲労による極限状態と、自分の才能のなさに打ちのめされて、「オレは、なんてできないヤツなんだ」「もうダメだ。失踪したい……」と思い詰める毎日でした。

ブラックな職場なので同僚や先輩もつぎつぎにやめていきましたが、なんとか踏ん張れたのは、CMプランナーを目指した動機をいつも思い返していたからです。

「おまえは、たった15秒で人生を変えられるCMを作りたかったんじゃないのか⁉」

自分に日々言い聞かせながら、必死で監督にくらいついていきました。

しかし、目の前には山積みの仕事と息をつく暇もない毎日があります。

さすがの私も限界が来て、「夢より何より、いまはとにかく休みたい……」と思っていた矢先、**体調を崩してかかった病院で急性肝炎が判明、即入院となったのでした。**

病状はかなり重く、入院期間は半年と診断されました。でも、やっと地獄の毎日から解放されるのですから、正直なところホッとしました。

入院して1か月ほど経ち、**今度は会社が不渡りを出して倒産。**

上司だった監督が作った新会社に誘われましたが、「やりたいことがありますから」と断り、自分の気持ちに向き合ってみました。

これから何でもできると思うとワクワクしました。

グラフィックデザインをやってみたいと思い、Ｍａｃを買って独学。退院して体も復活した頃、自分なりに仕上げた作品を認めてもらい、ある有名クリエイターの会社に再就職したのでした。

望む現実は自分からクリエイションしよう

この体験で、私は2つのことを学びました。

ひとつは、やり切ることの大切さです。当時は鬼上司だと感じていましたが、いま思えば、彼なりに私をかわいがってくれていたのだとわかります。

CMプロダクションに勤めた1年半の間、彼が厳しく育ててくれたおかげで、**物事に対する視点やイマジネーション力が半端なく育ちました。**

いまでも覚えているのが、「ネクタイがカメレオンになるような案を考えてこい！」と叱咤（しった）されたことです。

最初は何を言っているのかわかりませんでした。でも、家に帰ってハッとしました。

ネクタイは、世の中の風習やしきたりの象徴です。

平凡な案しか考えられない私に、**「常識の枠を外して、既存の価値観が七色に変わるような企画を考えろ」**と、彼はアドバイスしてくれたのです。

いま、何を見聞きしてもクリエイションに繋（つな）げられるのは、このときに新しいものをクリエイションするための視点作りやフレーム作りがしっかりできたからです。

何よりも、物事をやり切った上で答えを出す姿勢、感じ切ってからクリエイションする姿勢を身に染み込ませることができました。

このときに得たものが、空間演出の現場でどれだけ生きたかわかりませんし、いまでもあらゆるクリエイションに生かされています。

もうひとつ学んだのは、「心の中の思いは現実になる」ということです。

これも、いま振り返ってみれば……ですが、突然の入院は、「とにかく休みたい」と思っていた気持ちが現実化したともいえます。

別の見方をすれば、「本当の自分」が望むことを自分にやらせるために、あえて、病気という現実を創り出したのかもしれません（そうでもしなければ、当時の私は職を変えることなど考えもしなかったでしょう）。

周囲を見ていても、突然の事故や病気、災害などがターニングポイントになって人生を見直し、本来やりたかったことを始める人が大勢います。

一概にはいえませんが、**心の奥底にある「思い」を現実にするために、人生では、そういったアクシデントが起きるようになっているのかもしれないと考えます。**

その意味においても、自分自身で先に生きたい現実を創りはじめる必要がある。そうすれば、**アクシデントが来る前に本来の自分が望んでいた生き方ができる。**

私は、そう思いますし、この一件以来、そうやって人生を創ってきました。

神クエスチョン④
「神設定」で高い視座を獲得する

話が横道にそれましたが、いよいよ神クリエイションの実践に入ります。

まず、「神設定」を行いましょう。

神設定とは、魂が望む自分の在り方をイマジネーションで創り出し、現実のフレームに落とし込んで感じることです。夢を単なる「夢」ではなく「設定」にすれば、現実がクリエイションされるしくみが動き出し、早くかないます。

文字通り、「神」であるあなたが、自分の望む現実を設定するのです。

さっそく、神設定のための質問です。

神クエスチョン 4

Q

あなたが、
「いまより
さらに幸せな自分」
であるとしたら、
それは
どんな自分ですか？

How would you imagine yourself
if you feel happier than now?

神クエスチョン④

Q あなたが、「いまよりさらに幸せな自分」であるとしたら、
それはどんな自分ですか？

制限は何ひとつありません。
この段階では抽象的でもいいので、自由に考えてください。
いまよりもっと満たされて、豊かな自分。
まだ自分でも気づいていない可能性を、いきいきと表現している自分……。
それは、どんな人生で、どんなシチュエーションでしょうか。

この問いについて考えていると、あなたの視点が「いま」からグーッと離れます。そして、「神視点」から自分自身を俯瞰（ふかん）できます。
CHAPTER 2の最後に、「なぜ、それが好きなのか」（神クエスチョン③）と問いましたが、ここでもまた視点を引いて、俯瞰していきます。

目の前の現実に視点がべったりくっついていると、至近距離でしか物事を捉えられません。**この質問で意識を変え、高い視座から自分の世界を創っていきましょう。**

さらにこの質問には、仕掛けがあります。

神設定には、つぎの3要素が必要です。この質問ひとつで、その3要素すべてに答えられるのです。

「現実のフレーム（枠組み）」……自分が望んでいる現実、幸せだと感じられる現実

「望むエネルギー（体感）」……自分が本当に望んでいて感じたいエネルギー

「理想の世界での自分の在り方」……本当は、どのような自分で在りたいか

この質問で、自分の望む現実のフレーム（枠組み）、望むエネルギー（体感）がどんなものかを決めます。そして、**最終的に形となったその世界に、自分がどのように存在するか、経験をするかを考えましょう。**

これは今後変わってもかまいません。ですから、「いまの気持ち」を素直に感じながら、楽しく想像してください。

湧いてくるイメージは魂のデータベースの中にある

さあ、どんなイメージやビジョンが湧いてきたでしょうか。

「大自然の中で、何のストレスもなくゆったりしている自分」
「仕事をやめて、好きなダンスに熱中している自分」
「あこがれの土地に引っ越し、理想の部屋に住んでワクワクしている自分」

たとえば、「大自然の中でゆったりしている自分」というイメージが浮かんできたとしたら、そこで「友達をたくさん呼んで楽しみたいな」「みんなでお金を出し合って、土地を買ってもいいな」など、いろんなアイデアが湧いてくるでしょう。

どんどんイマジネーションを膨らませていってください。

ところで、このイメージは、どこから浮かんできたのか、不思議に思いませんか？勘がいいあなたは気づいたかもしれません。**ここで浮かんだイメージやビジョンは、あなたの魂のデータベースの中にすでにあるものです。**

私たちの魂には、自分で決めてきた理想像や使命がデータとして入っています。

この質問をすると、そのデータが反応します。そして、イメージとなって、意識上に浮かんできます。それに伴って、感情や思考も浮かんでくるはずです。

浮かんできたイメージが現実のものになったら、どんな気持ちがするか、想像しながら味わってみましょう。

幸せな自分は、どうありたい？

本当は、どんな世界に住みたい？

あなたの魂が反応して湧いてきたイマジネーションをしっかり味わい、楽しむ。これが、神設定のポイントです。

この設定になった自分の感情やエネルギーがどんなものかを思い浮かべ、そうなったときの感覚を味わってください。それらを体感すればするほど、その設定が現実になる確率が高まります。

驚くようなことがかなう！ 体感でクリエイションする秘訣

体感するといっても、ごく簡単です。

「こうなったらうれしいな」「これを体験できたら最高だな」とワクワクする。「めちゃくちゃうれしい！」と思いながら細部までイメージする。それでいいのです。

いま私が住んでいる高層マンションは人気があり競争率が高いのですが、無事入居できたのも、**あらかじめ住んだときの喜びを体感したおかげです。**

じつは、このマンションに住みたいと思い立って調べたところ、ベランダから富士山が見えるとわかりました。それで、そのマンションの横に車を停(と)めて、どんな景色が見えるかをありありと想像してみたのです。

私は、「こんなふうに見えるだろうから、このアングルで写真を撮ったら最高だ！」「朝日が昇るときは、この角度から撮ったらきっときれいだ」……などと、もう引っ越したつもりになってイメージ。部屋でどんなふうに過ごすかスケッチまでして楽しみながら想像していると、あっという間に3時間が過ぎました。

するとその日の夕方、**まさに希望していた高層階の角部屋が空き、すぐに入居が決まったのでした。**

私だけが特別なのではありません。以前セミナーで、パートナー募集中の人たちに、理想の相手と出会えたときの喜びを体感してもらったことがあります。

すると、ある人は2週間後に、思い描いていたイメージ通りの人との出会いがあったとのこと。**しかも出会った場所は、近所のコンビニだそうです。**

それだけではありません。なんと、ある参加者は、**電車の中で理想のタイプと出会ったそうです。**目が合ったので思い切って声をかけたところ、相手も声をかけようと思っていたとか。その後、2人は結婚に至りました。

また、別のケースでは、カフェで素敵な男性を見かけたものの、勇気がなくて声をかけられなかったとのこと。男性が店を出ていったので残念だなと思っていたところ、テーブルに携帯電話があるのを発見。**追いかけて渡してあげたところから、交際に発展したそうです。**

私がセミナー参加者に伝えたのは、「イメージを体感したら、どんなときもその感覚を100%味わっている自分で過ごすように」ということでした。

コンビニに行くときもゴミ出しに行くときも、100%設定が実現したときの自分になり、本気で輝きを放つように……と。

こういうとむずかしく聞こえるかもしれません。でも、目の前の現実はどうあれ、自分の設定がすでに実現したつもりで、本気になって喜びやうれしさを味わえば大丈夫です。何せ、神が創り出す世界を信じるから、見ている世界も一変するのです。

セミナー後、それを楽しんでできた人は、あっという間に現実をクリエイションできたのだと思います。

望む設定をイメージして体感することは、あなたもいますぐできますね。ぜひ、本気になってやってみましょう！

ないがしろにしていませんか？自分の「好き」

神クリエイションでは、みずからのイメージとエネルギー、そして行動で、いまこのときから自由に現実を生み出していきます。その極意をまとめるなら、心の表情に気づきながら「いま」を味わい、「好き」を探求すること。

セミナーやオンラインサロンでこのような話をすると、「でも、私には好きなことがわかりません」「自分の好きという感覚に自信がもてません」という声をときどき聞きます。

はっきりいいますが、それは、そう言っていた方が楽だからです。

だから、あえて「のっぺらぼう」のように、無表情な毎日を過ごしているのです。でも、のっぺらぼうの仮面の下には、いろいろな表情（感情）が動いているはずです。

その証拠に、そう言っている人はいったんスイッチが入ったら、一変して、いきいきとした表情に変わります。

そして、ものすごいパワーを発揮し、見事に人生をクリエイションしていきます。そんな人をいままでたくさん見てきました。

「好き」には、あなたの情熱や意欲、熱意、思いが全部こもっています。

いままであなたは、もしかすると自分の「好き」をないがしろにしていたかもしれません。でもこれからは、その「好き」を心の奥底にしまったままにしないでくださ い。ここをあいまいにすると、神クリエイションそのものが発動しません。

ここでもう一度、神クエスチョン①「本当のあなた（神）が、大好きなこと、本当にやりたいことは何ですか？」に向き合ってみましょう。

もちろんこの質問は、いつでも何度でもできます。しかし、だからといって自分に向き合うことをおろそかにしていいというわけではありません。

仕事や家庭の事情などもあるでしょう。それらの事情があっても、工夫次第で、自分の本当にやりたいことを自分にやらせてあげることはできます。**しかしそのために**

は、心からやりたいことが明確になっていなければなりません。

たとえば、もし子どもが小さかったとしたら、半日でもいいので誰かに預かってもらったり、または子どもが眠ったりした後などに、ひとりの時間を作って考えてみてください。

そして、「もし何の制限もなかったとしたら、何がしたい？」と聞いてみるのです。

これは、あなたが今後、自分自身の人生をクリエイションしていくために必要な時間です。ぜひ、楽しみながらじっくり掘り下げていきましょう。

あなたの「好き」を感じてあげられるのは、あなたしかいないのですから。

自分の耳で聞く効果は絶大！ボイスメモで未来を創る

ボイスレコーダーを活用して、あなたのなりたい自分、創りたい未来をボイスメモに録音してみるのもいいでしょう。

「私がなりたいのは、○○で……」「これから私は、○○をやっていきたくて……」といった感じで話しはじめればＯＫです。

未来について実際に語り、またその内容を自分の耳で聞く効果は絶大です。

「やっぱり、私はこれをやっていきたいんだ」と思えるので、行動に加速がかかり現実化も早くなります。何よりも、埋もれていた夢を発掘する効果があります。

ただし、ここで問われるのは、「本気」かどうかです。

自分の夢をひとりで話すのは照れくさいですよね。ですから、口に出せるようになるには、少し時間がかかると思います。

しかし、少し厳しいことをいいますが、中途半端な気持ちで録音しても、あまり効果はありません。

「好き」「やりたい」と思う気持ちは、自分という神の言葉です。

自分自身に正直になって、「こうなりたい」「こうありたい」という気持ちを素直に話しましょう。

五感に刺激を与え感情に働きかける方法

空間演出をするときも、何をいちばん意識するかといえば、感情です。

その空間にいる人が何を五感で受け取り、どんな感情を味わえるのか。それを徹底的に突き詰め、ひとつの世界観に凝縮させます。

たとえば、「シンデレラ」をテーマにした舞台演出をしたときのことです。

コンセプトは、「観客すべてが、美しく生まれ変われるシンデレラ」でした。そのテーマに没入してもらうためには、最初に観客の心にアタックして心の扉を開けてもらう必要がありました。そこで、より効果的に観客の心にリーチするために、舞台は暗転から始まり、つぎにわざとノイジーで刺激的な音楽と映像を30秒ほど流しました。

その後、鼓動音と映像が重なり、緊張感が高まった後、一気に舞台をライトアップして曲調も180度変わり、華やかでフェミニンな音楽がスタート。演出で大切なのは、この30秒です。音楽や映像、鼓動音によって観客は「何が始まるんだろう」という不安とともワクワク感ともつかない感情とともに、自分の心の内側にグッと入ります。自分自身に没入したところで、舞台で美しく華やいだ世界に変わるのです。

照明、音楽、映像などは、五感に刺激を与え、そこから感情に働きかけます。するとその空間を体感した人の第六感的なもの（直感）が刺激され、驚きや感動が生まれます。

そんなインパクトを与えるには、どうすればいいのか、すべての要素において考え、感じ、味わい尽くします。そのときの空間を成立させるためにプランニングするのが、空間演出をやっていていちばん楽しい時間です。

「好き」を現実で表現するための方程式

いまきっと、あなたなりの「好き」や神設定があらわになってきているはずです。

まだわからないという方も、この本を読み終わる頃には、自分なりに見えてくるものが必ずあるので安心してください。

では、その「好き」を現実でどうやって表現していけばいいのか。具体的に、何ができるのか、どう表現していけるのか……。そこで、足踏みしてしまう人は多いかもしれません。ここからは、その方法の見つけ方をお伝えしましょう。

つぎの方程式を使って考えてみてください。あなただけの「好き」の表現を生み出せます。

【A】あなたの好きなこと ×「なぜそれが好きなのか」という視点

=好きの表現（「好き」と現実の融合）

【B】あなたの好きなこと × 日常で好きなことを通して得るインスピレーション

=好きの表現（「好き」と現実の融合）

少しわかりにくいかもしれませんので、例をあげて説明しましょう。

◎【A】あなたの好きなこと ×「なぜそれが好きなのか」という視点

「なぜそれが好きなのか」という視点は、CHAPTER 2の神クエスチョン③でも考えていただきましたね。「好き」とその答えを掛け合わせると、現実での行動に落とし込みやすくなります。

例をあげてみましょう。

- 「あなたの好きなこと」……サイクリング
- 「なぜそれが好きなのか」……風を切って走る感覚が爽快だから。自分の力だけで、どこまでも行けるから。
- 「好きの表現」……爽快感をもっと味わいたいから、自転車に乗るときにぴったりの音楽は何かを考えてみよう／サイクリング中にパンクすると修理に手間がかかるから、3分で修理できるキットを開発してみよう……など。

・「あなたの好きなこと」……編み物
・「なぜそれが好きなのか」……編み棒と毛糸で何でも自由に作れるから。自分のアイデアをそのまま形にできるから。
・「好きの表現」……サイズも自由だから、部屋を埋め尽くすくらい大きな作品を編んでみよう／小物や洋服だけでなく、料理や植物も編んでみたら面白いかもしれない……など。

◎【B】あなたの好きなこと × 日常で好きなことを通して得るインスピレーション

これは私の例でご紹介しましょう。

・「好きなこと」……空間演出
・「日常で好きなことを通して得るインスピレーション」……お茶を飲んでいたカフェのBGMで波の音が聞こえたら、この音をショーの会場で流したらどうなるかをイメージしはじめる。あるいは、ふと漂ってきた香りにインスパイアされて、その香りに合う空間をイメージしはじめる。そこをきっかけにしてインスピレーションがつぎつぎに湧き、空間演出のアイデアがどんどん生まれていく。

- 「好きの表現」……実際の空間演出のアイデアのベースにする。

補足すると、なぜ空間演出が好きかといえば、自分の感じたことやイマジネーションを現実の空間に形として表現し、五感で味わえるから。イメージの世界をこの目で見られる形にできること自体が、たまらなくワクワクするからです。

一枚の絵や写真、ふと耳にした音楽をきっかけにして、ショーのシナリオが浮かぶこともあれば、自然の日差しを見て、ライティングのアイデアが湧くこともあります。

「好き」が根底にあるからこそ、日常生活でどんなことをやっていても、ふと感性が働きアイデアがどんどん湧いてきます。

これが現実と融合して、展開していくのです。

たとえば、よく主婦の方がアイデアグッズを発明して大ヒットさせたりしますが、あのグッズも日常のインスピレーションから生まれるクリエイションです。

自分の生活を愛していてよくしたいという思い、つまり、「好き」があるからこそ、工夫が生まれ、斬新なアイデアが湧いてくるのです。

いまあなたの内側から湧いてくる「好き」を通して、アイデアを生み出してください。……といっても、焦ってたくさんのアイデアを出そうとしたり、特別なことを思いつこうとしたりする必要はまったくありません。あなたの中にある本心をじっくり見てください。

「好き」を探求しようという視点で見たら、日常には、ヒントや答えがたくさんあふれています。

たとえば、たまたま隣に座った人が話していた一言にピンと来たり、偶然見たネット記事がきっかけでやりたいことがひらめいたり……。あるいは、ふと見上げた空に浮かんでいた雲から直感を受け取ったり、聞こえてきた鳥の鳴き声から気づきを得たりすることもあるでしょう。また、日常のふとした出来事だけでなく、夢からインスピレーションを受けることがあるかもしれません。

そんな日常で受け取った直感やひらめきと、あなたの「好き」の要素を融合させて、

新しい世界を生み出していきましょう。

特に、夢には本当に好きなことや、やりたいことのエッセンスがかけらのようにちりばめられています。そこを意識して夢を振り返るのもおすすめです。

「タイムラインの視点」ではなく「神設定の視点」で現実を選ぼう

ここまで、「好き」を探りながら神設定を行い、喜びを体感しました。

つぎはいよいよ、現実でのクリエイションのやり方についてお話ししていきます。

まず、「私は自分の設定した世界で生きる」と信じて決めましょう。すると、ゆるぎないエネルギーが生まれ、世界もそれに呼応します。

この現実において、どんな意図で、どんな思考や感情で自分の世界を生きるかは、あなた次第。これって、とても楽しいクリエイションだと思いませんか？

でも、注意してください。世界を見る視点が適切でなければ、あなたが生きる現実もそれを反映します。

そこで、意識してほしいのが、「タイムラインの視点」と、「神設定の視点」です。

どちらの視点で存在するかによって、見える世界は大きく変わります。

タイムラインの視点とは、過去のストーリーから、その延長線上に未来が創られると考える視点。**神設定の視点とは、創造主である自分の意識や感情、行動で望む未来を創るという視点です。**どちらを選ぶかは、自分で決められます。

身近な例で説明しましょう。

たとえば、車で移動していると道が混んでいて、待ち合わせや用事に遅刻しそうになることがあります。

そんなとき、「やばい、絶対に間に合わない。どうしよう」と考えるのは、タイムラインの視点です。焦ってしまうと、当然そのイメージ通り、用事に遅れてしまいます。

神設定の視点では、「遅れそうになったけど、大丈夫、間に合う」とただ思うのです。**その設定通り、焦らず運転していくと、たいてい間に合います。面白いのですが、私**

は5分遅れてしまったけれど、相手は10分遅刻したので問題なかったということもありました。

車を駐車場に停めるときも、同じです。過去の例を思い出して、「この時間だと、やっぱり空いてないよな」と思いながら駐車場に行くと、たいてい満車。しかし、「駐車場は空いている」と先にイメージして行くと、ほぼ確実に停められます。嘘のような本当の話です。

いうまでもありませんが、私たちは、日々この物質世界で現実をクリエイションしつづける神。神設定の視点を選びましょう。

しかし、無理やり思い込もうとしても、うまくいきません。

神設定の視点に切り替えるコツがあります。

時間に遅れそうで「もう絶対、間に合わない！」と焦るときは、まずその思いをキャンセルします。**焦りの気持ちが湧いた時点で、「キャンセル」と言えばOKです。**

つぎに、何回か深呼吸します。すると、心がフラットな状態になります。

その後、**「自分はどうなりたい？」と自問自答するのです。**

「気分よく行きたい」「遅刻しても大丈夫」などの思い（答え）が湧いてきたら、その浮かんできた思いを感じて「設定」し、設定通りに気分よく運転していきます。すると、その設定通りに事が運びます。

それでも、現実は「変化球」を返してくることもあります。ですから、結局は遅れて大ピンチになることも時には起こります。

状況に左右され、思考のストーリーに巻き込まれて「どうしよう、大変だ！」と焦ってしまうことでしょう。

すると、自分のありたい世界ではなく、外側の世界にフォーカスしてしまうことになります。結果、その通りの行動になり、それに見合った結果がやってきます。

変化球が返ってきたら、「もう仕方ない！」と心をオープンにして、受け入れましょう。「どんな結果でも大丈夫」と状況を受け入れ、「たとえ遅刻したとしても、この変化球が、神設定に繋がっていくんだ」と開き直ってみると、意外に大丈夫。遅れたことに意味があったり、出会いがあったり、そこで学ぶことがあったりするのです。

タイムラインから降りて望むパラレルワールドをクリエイションしよう

「いままでこうだったから、これからこんなことが起こる」

「過去にこんなことがあったから、未来はこうなる」

あなたもふだん、過去を起点にして将来を予測していないでしょうか。

もう十分おわかりだと思いますが、**神クリエイションにおいて、過去や常識といったものさしを使った予測は不要です。むしろ邪魔といえます。**

たとえば、「仕事をやめてアートの勉強をしたい」と思ったら、「学校へ入る資金がないし」「仕事をやめたら食べていけないし」「いまさら勉強しても遅いし」「失敗したら恥ずかしいし」……というように、タイムラインに乗って物事を考えると、たくさんの思考が出てきます。

固定観念とタイムラインの視点で物事を見ていると、頭でっかちになり、予測と常識、過去の知識でしか出来事を判断できません。そうしている限り、自分の望む現実はクリエイションできないのです。

とはいえ、普通に生きていると、この世界はＳＮＳのタイムラインのように、過去から未来へ連続して一直線に流れているとしか思えませんよね。

でも、この世界は連続して繋がっているわけではありません。

現実は、瞬間瞬間で変化変容しています。だからこそ、自分のイマジネーション次第で、新しい現実をクリエイションできるのです。

これは、パラレルワールド（並行世界）の概念を使うと理解してもらいやすいと思います。

最新の宇宙理論や物理学の世界では、この世界と似たような世界であるパラレルワールドが無限にあるという理解が常識になっています。

神クリエイションとは、ある意味、自分が理想とするパラレルワールドに移行すること。別の言い方をすると、イマジネーションできる世界は、「現実」に存在しているということです。

「これをやりたいな」「こうしたいな」と思う瞬間、私たちはイメージの中でこの世界とは別のパラレルワールドを見ているといっていいでしょう。

先ほどお話しした**神設定とは、自分が行きたいパラレルワールドを選ぶことだともいえます。**選んだパラレルワールドで生きる楽しさを味わえば味わうほど同調して、そこに近づけます。

そう、世界は「いま」の連続です。「いま」しかないのに、過去を引っ張り出してきて未来を予測しても意味がありません。

「いまどうありたいか」を先にイメージして、自分自身で未来を選んでいくことができる。これを知っておくことが、何よりも大事なのです。

過去を振り返るのはほどほどに。未来に意識を向けよう

ですから神クリエイションでは、過去ではなく、クリエイションしたい未来に「〇」

をつけます。「○をつける」とは、未来へしっかり意識を向けるということです。

これまで見てきた通り、自分の行きたい道を決めるときに、「過去の自分」を参考にしてしまうと、「やっぱり無理」「またうまくいかない」という気持ちが湧いてきます。

もちろん、過去を振り返って未来に生かすことも大切ですが、それよりも**「未来の自分」「創りたい現実」を見る方が断然大事です。**


私の友人は、失恋から立ち直るために、ずっと自分の思いをノートに書いて、何がいけなかったのかを分析していたそうです。1か月経ってようやく自分なりに納得がいき、痛手から抜け出せたとのこと。

もちろん心を癒すには、自分が納得いく作業も必要です。

しかし、過去にフォーカスしていると、結局は、「過去の自分」を「いま」にもってきて、その自分で未来をクリエイションしていくことになります。

でも、創造主である自分には未来を創る力があると知っていれば、そこまで時間をかけなくても、もっとスムーズに気持ちの整理をつけられます。

そして、その方が断然早く望む未来に行けます。

せっかく、未来を創れる「いま」の自分がいるのに、後ろを振り返ってしまうのはなぜか。それは、自分のやってきたことに「×」をつけて過去を後悔したり、否定したりして、いつまでも受容できないからかもしれません。

どうしたら望む未来へ行けるのかというと、いま、このいまに、過去を許し受け入れること。

自分がどんな過去を創ったとしても、それを声に出して許してしまいましょう。「〇〇したことを許す」と。そうすれば、心も発するエネルギーも軽くなります。

私自身も、未来に「〇」をつけて「ここに行く」と旗を立て、自分という車を走らせました。

いままで5回転職していますが、会社が倒産した一度目を除いて、すべて自分でつぎの道を選びました。**そのつど大事にしてきたのは、「自分がどうなりたいか」「何をやりたいか」です。**ただし、転職のたびにそれまで築き上げたポジションやスキルがいったんゼロになります。そこから新たな分野にチャレンジしていくのは、それなりに勇気がいりました。

でも、そんな怖れや不安を受容し、覚悟を決めて飛び込む。これを大事にして、人生を創ってきたのです。**覚悟を決める瞬間は、心の底から高揚感や興奮が湧き上がってきます。その瞬間を味わうのが、私の人生の醍醐味です。**

もし過去に、絶対うまくいくと思ったのに、結果が違った場合があったのなら、それは、そこに気づくべきことがあるからです。

起きたことを多角的に見てみたら、必ずうまくいかなかった理由や改善点がわかります。いずれにしろ、時間は戻せないのだから、そこからまた進んでいけばいいのです。受け入れて許すかどうかは、最終的に自分の心ひとつです。

私にも、もちろんうまくいかなかった経験はたくさんあります。

空間、図面上では完璧だったのに、会場に行ったらチグハグな舞台設営になっていたり、スタッフとの意思疎通が全然はかれなかったり……。現場の空気が最悪になったことは数え切れません。そんなときに、私は必ず、演者、観客、演出それぞれの視点を意識して対処していきました。

でも、**何よりも大事にしたのは、自分がどんな世界を創りたいかという世界観です。**

状況をまずは受け止め、起きた出来事を許し、創りたい世界を軸に考えていく。そうすると、必ずピンチを切り抜けることができたのでした。

「お試し」すらも自分自身のクリエイション

神クリエイションでの意識のもち方が、少しずつ見えてきたことと思います。

しかし、かなえたい現実のスケールにもよりますが、現実創造には、ある程度の時間がかかります。

かなえるときまで、「好き」を探求して、現実をクリエイションしていくには、継続する力も重要です。

そのために必要なのが、**受け身ではなく能動的に好きを探求し、行動することです。**

神クリエイションは、自分の意図（好き）を見つけ、そこから見たり聞いたり感じたりしながら現実をクリエイションしていくプロセスです。

「好き」が決まった段階は、まだそのプロセスがスタートしたばかり。現実化のためのヒントやきっかけが自動的に降ってくるわけではありません。

自分の「好き」はこれだとわかったら、とことん探究して、とことん面白がり、とことん夢中になってください。

私も空間演出が好きすぎて、何を見聞きしても、演出の要素に加えられないかといつも考えていました。そして、あらゆる場所に足を運んで貪欲に学び、アイデアのヒントはないかと探していました。

そうやって熱中していると、あるとき、考えていたテーマにぴったりの答えが、怒濤のようにやってくるのです。「来たー！」と興奮してどんどんあふれてくるアイデアをブワーッと書き留めて、演出のシナリオに仕立てていました。

いまではそれに加えて、写真やパワーストーン、プログラミングの勉強など、興味の対象が増えて精力的に動いています。

現実は、神である自分自身が生み出す世界。自分の行動があって初めて、望む現実は創られるのです。行動するためには、必ず自分の思い描いた現実を創るのだという明確な意志が大切です。

そうすれば、「お試し」が来ても、それを言い訳にしてあきらめずに済むでしょう。

お試しとは、夢や目標をかなえる前にやってくる課題や試練のことです。

ときどき、「お試しが来たんです」と落ち込んだり、それを理由に前進するのをあきらめたりする人も見かけるので、もったいないなと思います。

「どんな現実も自分が創り出している」という言葉を聞いたことがあるかもしれませんが、**その「お試し」も自分でしっかりクリエイションできるのです。**

そうであれば、自分で乗り越え解決できるはずだし、落ち込んだり自分をダメだと考えたりしなくてよいのです。

自分の「好き」でクリエイションした現実には自然と努力できる

空間プロデュースをするときも、自分のイメージを現実にするために、私は準備も徹底して行っていました。

ショーやイベントでは、事故や不測の事態に備えた現場の危機管理も重要です。そこで、**これで100%OKといえるまで、自分のクリエイションについて徹底的に感じ抜き、緻密に段取りや進行を考え抜きました。**そして、「これで絶対に大丈夫だ！」という確信をもって本番に臨んでいました。

ですから、現場でトラブルが起きても動じません。スタッフがあわてていても冷静に対処し、自分のクリエイションに集中します。

そもそも、クライアントが何千万円、何億円とかけた空間をまかせてもらっているのですから、自分が妥協したり、完璧に創り上げてきたクリエイションを止めてしまったりすることなど一瞬も考えませんでした。

すると、途中でアクシデントが起きても最終的にはうまく運び、結果オーライになっていくのです。

また、自分が表現したい世界を創り出すためなら、努力は絶対に惜しみませんでした。**素人ながら、モデルたちにウォーキングの指導をしたこともあります。**とある有名ブランドのショーでしたが、どうしてもウォーキングが目指す完成度に届かなかったのです。クライアントからもクレームが出て、「それでも演出家か」とまで言われました。

そこで、世界のトップモデルも含めて、何百人ものモデルの歩き方を研究してパターン化しました。そして、ようやく美しいウォーキングの基準や見せ方のポイントを見つけ、舞台に生かすことができたのです。

もし、自分が設定した未来に向かって道を進んでいるとき、障害物が出てきたら、工夫してその障害物を乗り越えることもできます。あるいは、引き返して別の道を行く選択もできます。それも、「あ、行く手に大きな石がある。はいはい、じゃあ別の道を行きましょう」みたいな気軽さで。

それでも、ゴールにたどり着くことはできます。どんな出来事もそこに至るためのプロセスに過ぎないし、問題やトラブルに突き当たったら、それだけ進むことができているということです。

自分に「逃げ」をさせない習慣術

「やりたい」「好きな世界を創り出したい」という強いビジョンと意志をもつこと。

これができていたら、それに見合った習慣ができ、必ず継続できます。

逆に、明確な意志がないと方向性を見失って迷走したり、「ちょっと休もうかな」「まあ、いいかな」と考えたりして、創りたい現実から逃げてしまうようになります。

これは、私自身が学生時代にスポーツをやっていたときから実感していたことです。

たとえば、朝練のために早朝に起きていたのに、「今日は眠いから10分だけ寝ていよう」と寝坊したら、つぎの日は20分遅くなり、やがて1時間……というようにだんだん延びて、朝練をサボるようになってしまいます。

自分で決めた習慣を自分で変えてしまい、「やらない理由」を探して、ズルズル怠ける方に引きずられるのが、〝ただ楽をしたい思考〟なのです。

もちろん、設定した現実へ行くルートは複数あるので、別ルートを見つけてそちらへ進むのなら話は別です。その新しいルートからビジョンに向かって進めばいいからです。

しかしたいていは、**一度自分に「逃げ」を許してしまったら、別ルートを選ぶと決めたとしても、歯車が少しずつズレていきます。**

たとえば、「今日くらいはいいかな」と手を抜いたら、その分だけ歯車がズレて、ルートが横にスライドします。その地点からまたゴールを目指して進むのですが、しばらくしてまた「今日くらいは……」と考えると、その分、歯車がズレてしまいます。

その結果ゴールが遠ざかり、最終的に「圏外」になる。すると、そのルートをいくら進んでも目標にたどり着けなくなってしまうのです。

自分の望むクリエイションに向けて意識をフォーカスしつづければ、習慣になっていくし、そこから現実が変わっていくのです。

ただし、意識をフォーカスすることだけにとらわれてしまうと、自分の感性や心の表情は置き去りになります。

どんなときも、目に見える世界を感じ、自分の心の表情に気づいていましょう！

たとえば、あなたが「この設定を実現するために体作りに意識を向け、毎朝ウォーキングしよう」と思ったとしましょう。

このとき、続けること自体が目的になってしまうと、ウォーキングした事実に満足し、そこで終わってしまいます。または続かなかった場合、自分に失望し、そこで前進するのをやめてしまいます。

そうではなく、**常に新鮮な気持ちで、自分が何を感じているのかに意識を向けつづけるのです。**そうやって、五感から得られるものや自分自身の感情を味わっていると、新たな世界がどんどん広がり、つぎの可能性も開いていきます。

習慣化と、物事が「当たり前」になってマンネリ化することは表裏一体なので、常に胸に手を当て「私はどうしたい？」と問うことがポイントです。

どんなときも新鮮な気持ちで、見えるものや自分自身、そして自分の体験を感じていってください。あなたの見て感じているその世界は、「この瞬間」の連続です。いま、このいまを神視点で見て、世界を楽しみましょう。

「核」のビジョンをたったひとつ見つけるだけで「光の道」ができる

意志がクリアになると、まるでレーザー光線で照らされたかのように、創りたい現実に向かって「光の道」ができます。もちろん比喩的な表現ですが、それくらいはっきり自分のやるべきことが見えてきます。

状況によって紆余曲折はありますが、光が見えなくなることはありません。あとは、その道を進んでいけばいいだけです。

では、強い意志を育むには、どうすればいいでしょうか。

途中で歯車が狂ってしまう場合、たいてい目指すものがあやふやです。あるいは、**その目標を本当に自分のものとして決めていないからです。だから、「できなくてもしょうがない」と逃げ道を作ってしまうわけです。**

そこで、「ビジョン」を明確にすること。そして、そのビジョンを達成したときの感情をいまから味わうことが大切になってきます。

ビジョンとは、こうなりたいという自分や状況の具体的なイメージです。

しかし、最初からビジョンを100％クリアに見ようとすると失敗します。

はじめは、「核」になるビジョンがひとつだけでもはっきり見えればOKです。

私が空間演出をする際にも、この「核」となるビジョンをまずクリアに思い描きます。ため息の出るような美の世界を創るのも、心からくつろげる癒しの空間をクリエイションするのも、この核があってこそです。

そのために、まずひとつのアイテムやシーンだけ決めて、そこから音楽や照明、人の動きなどを考える手法をよく使います。

たとえば、クラシックの曲をヒントに空間演出を考えようとしたとき、帽子のビジョンがくっきり浮かんできたとしたら、その帽子をありありと思い描きます。

ここが「核」になるので、できる限り鮮明に見ていきます。「よし、核になるのはこの帽子だ！」と定まったら、そこからイメージを広げていくのです。

「この帽子をかぶっているのはどんな人？」「当たっている照明は？」「吹いている風や漂ってくる香りは？」……と、どんどん想像を繋げていくうちに、ひとつの世界ができあがります。

音、光、映像、演者たちの動きなど、さまざまな要素があらゆる角度からうまくマッチングした瞬間、私の脳内に交響曲が響き渡るような感覚が訪れます。自分が世界を指揮している神になれる瞬間です。

まとめるなら、つぎのようなプロセスになります。

作りたい舞台イメージの核を見つける。

そして、グッと視点を引いて「神視点」になって俯瞰し、作りたいイメージに集中する。つぎに、五感を使って感情を湧き立たせ、音響、照明、映像、被写体（演者）

をレイヤーのように重ねて、クリエイションしたい世界観を三次元で再現する。

現実創造もこれと同じです。

自分の創ろうとしている未来にあるシーンに存在するものや人の様子、または、シチュエーションなどをできる限り、くわしくイメージしましょう。

「間違い」はないので、思い切り楽しみましょう！

先ほど、神設定では魂の中にあるデータが反応して、イメージ上に浮かんでくるとお話ししました。

どんなイメージも、あなたの魂の中にすでに存在していたものです。

もともと魂が望んでいたものに、あなた自身で光を当て、しっかり把握していきましょう。

それこそが、神クリエイションの「核」となります。

CHAPTER 4

人生を動かす神クエスチョンで現実創造を加速せよ!

風の時代にこそ必須！
問いは人生を動かすスイッチ

「問い」は、人生を動かすスイッチです。

神クリエイションの仕上げとなるのがこのCHAPTER 4。ここで、私がいままでに考えた400以上の神クエスチョンの中から、厳選した質問をご紹介します。

これらの問いは、あなたの神クリエイションを発動させ、加速させる助けとなるでしょう。

私自身も、常に自分に問いつづけながら、人生のステージを進んできました。

自分に問う行為は、情熱という振り子を心に落として、大きく揺らすことだと思ってください。

問いの力によって、好奇心や感情が揺さぶられ、その振り子が力強く揺れはじめます。

同時に、イマジネーションが広がり、「点」だった世界がどんどん拡張し、世界観が形成されていきます。

すると、クリエイション（創造）のフィールドが広がり、新しい可能性が見えてくる。「こんなこともできるな」「こんなアプローチをしてみようかな」と、情熱が内側から湧いてくる。それが、神クエスチョンのもつ力です。

いまは、占星術では「風の時代」といわれます。風のように自由に、多様なあり方で生きられるようになった時代です。

それはとても素晴らしいことですが、**自分の軸がなければ、風にあおられて右往左往することにもなってしまいます。**

自分の軸を見定めるためには、まず自分自身を知る必要があります。そのために、神クエスチョンを使ってください。

いまから投げかける質問は、あなたが潜在的にもっている本当の望みや自分でも気づかなかった本心にアプローチするよう作られています。

ですから、**これらの問いに向き合ううちに、あなたがまったく思いもよらなかった自分自身を発見することになるでしょう。**

これらの質問がフックとなって、漠然とした思いが結晶化し、浮かび上がってくるはずです。

それは、どんな時代になってもゆるがないあなたの軸になり、あなたの心から望む人生を創るためのベースとなっていくでしょう。

また、今後あなたが迷ったとき、「もう無理だ」とあきらめたくなったときも、ここで紹介する問いは、新しい風を送り込んでくれます。

自分への問いには、必ず答えがあります。そして、その答えに「間違い」はありません。**これらの問いによって、心に風が吹き渡り、自由でエキサイティングな答えが生まれます。**

そうすると、ダイヤモンドのような太陽の光を覆っていた雲が晴れ、大好きなことにもう一度スポットライトが当たり、魂の衝動に身を委(ゆだ)ねて進んでいこうと思えるようになります。そこからまた、神クリエイションの循環が始まっていくはずです。

神クエスチョン⑤

幸運は一度きりではない！　3歩先の幸せまで考える

あなたに幸運が訪れて、願いがかなったとします。
その後、さらに2回ラッキーなことが起きるとしたら、どんな出来事でしょう？
そこでこの問いです。

神クエスチョン⑤

Q　**あなたに幸運が3度来るとしたら、それはどんな幸運ですか？**

3度といわれると、意外に考え込んでしまいませんか？
ほとんどの人は、幸運が一度でも来ればラッキーと思っているので、じつは、あまり深く考えてはいないのです。

しかし、本当の幸せは一度きりの幸運ではなく、一連の流れになってこそ訪れます。

神クエスチョン 5

Q

あなたに幸運が3度来るとしたら、それはどんな幸運ですか？

If you are to receive luckiness three times,
what would that be?

あらかじめその流れをイメージしてみると、本当に自分が望むものや、クリエイションのストーリーが見えてきます。

人生は可能性に満ちています。だから、何が起きても不思議ではありません。

三位一体という言葉があるように、「3」は物事を完成させ新たに生み出す進化の数。

そのパワーを借りて、あなたが本当に手にしたいもの、手にできるものを探ってみましょう。

神クエスチョン⑥ 恐怖を克服する勇気を得る

あなたには、本当はやりたかったけれど、怖くてあきらめていたことはありますか？

私にはあります。それは、海に潜ることです。

泳ぐことはできるのですが、深い海に強い恐怖心があり、いつか水中写真を撮りたいと思いつつ実行できませんでした。

しかし、**つぎの問いを自分に投げかけたとき、自分はやはり潜ってみたいのだと気づき、決心。ドキドキしながらスキューバダイビングに挑戦し、5メートルも潜水し、美しい写真を撮ることができました。まさに、世界が変わる体験でした。**

その問いはこちら。

神クエスチョン⑥

Q　いまの自分に、つぎの言葉を告白します。○○の中に言葉を入れてください。

「本当は○○だった。だからいま、○○すると決める」

この質問で、5年も片思いだった相手に勇気を出して告白した人もいます。

返事は、NOでしたが、そのおかげで前に進むことができ、気持ちを切り替えられたそうです。いまは人が変わったように元気になり活躍しています。自分の本心や考えるのを避けていた本音に気づき、勇気をもって一歩踏み出せる質問です。何より大事なのは、怖さよりも新たな世界を見ることを本当は望んでいるということに気づくことです。

神クエスチョン 6

Q

いまの自分に、
つぎの言葉を告白します。
○○の中に
言葉を入れてください。
「本当は○○だった。
だからいま、
○○すると決める」

I confess the following words to myself now.
Please put words in ○○.
"It was really ○○, so now I decide to ○○."

神クエスチョン⑦

感謝のエネルギー循環を起こす

感謝することでエネルギーの循環が生まれます。

あなたが発したエネルギーは、巡り巡って大きくなり、再びあなたのもとに返ってくるものです。

そこで、こちらの問いです。

神クエスチョン⑦

Q　この世から旅立つ前に、あなたの人生をよい方に導いた功績を称(たた)え、感謝を伝えるために、ひとりだけに勲章を贈れます。

それは誰ですか？　その功績とは、どんなものですか？

神クエスチョン 7

Q

この世から旅立つ前に、
あなたの人生をよい方に
導いた功績を称え、
感謝を伝えるために、
ひとりだけに勲章を贈れます。
それは誰ですか？
その功績とは、
どんなものですか？

Before you leave this world, you'd be able to give a medal to a person for his /her achievement of led your life for good. Who would that be? And what was his /her achievement?

この質問の答えが出たら、ぜひその相手に心を込めて感謝を伝えてください。**勲章を贈りたいほど、人生にいい影響を与えてもらったということは、それだけ大きなエネルギーを相手からもらったということです。**その幸せをじっくり味わって相手に感謝し、エネルギーとして返しましょう。

もし、その人がすでにこの世にいなかったとしても、相手に思いを向ければ、それは宇宙にエネルギーを返すことになり、結果的に相手に届くでしょう。

また、作家やアーティスト、あるいは、過去の偉人などから多大な影響を受けたという場合もあるかもしれません。その際も、その人物を思って感謝を伝えてください。

神クエスチョン⑧

ゼロからクリエイションする

お金の不安は制限にもなりますが、**普通の思考パターンでは気づけない自分の可能性を見つける方法**にもなります。この問いに、どう答えますか？

神クエスチョン 8

Q

今日から無一文になったら、どうしますか？

What would you do
if you are broke from today?

神クエスチョン⑧

Q　今日から無一文になったら、どうしますか？

現実には、無一文になることなどまずありえませんが、この質問は、**自分がゼロから何をクリエイションしていけるかを考えるシミュレーションです。**

よけいなものやしがらみが何もない状態なので、自分の中の神の声をシンプルに受け取りましょう。ポジティブに楽しく考えることがポイントです。

どうしても不安や心配が先立ってしまうのなら、「一年後には大好きなことで大成功して、いまと180度違った生活をしている」という設定を加えて考えてみましょう。

この設定で考えると、エネルギーがグンと上がり、それまで気づけなかったアイデアが湧いてくるはずです。

そして、普通の思考パターンでは気づけない自分の可能性が見えてくるでしょう。

神クエスチョン⑨ 自分の望む時間をみずから生み出す

全世界共通のアラームを自由にセットできるとしたら、あなたはどんな設定にするでしょうか？　たとえば、「朝8時になったらハグタイム」というアラームにしたとします。**この時間には、どんなに急いでいても、ケンカしていても、世界中の人たちがハグし合うのです。すると、素敵な世界ができそうですね。**

こんなふうに想像しながら、あなたの創りたい時間を設定していきましょう。

神クエスチョン⑨

Q　世界基準のアラームを設定できるとしたら、いつどんな内容にしますか？

この質問を、自分の毎日に生かすこともできます。

実際私は、一日に数回、スマホのアラームを設定しています。

神クエスチョン 9

Q

世界基準のアラームを設定できるとしたら、いつどんな内容にしますか？

If you can set a world-class alarm,
when and what would that be?

「愛と感謝を感じる時間」「自分の胸に手を当てて、神クリエイション・タイムとする」など、1分程度ですが、一日の流れを望む方向に進めるための貴重なクリエイション・タイムにしています。

神クエスチョン⑩ 自分の軸が決まる言葉

あなたには、自分自身のキャッチフレーズがあるでしょうか。
あなたという人を象徴する言葉、「こうありたい」と思うエネルギーや状態を一言で表現する言葉、自分の原点だと思う言葉……。このような、あなたが大切にしたいと思う言葉や、自分自身を表すと思う言葉を3つ選んでください。

神クエスチョン⑩

Q 自分を3語で表現するとしたら？

神クエスチョン10

Q

自分を3語で表現するとしたら?

If you describe yourself in three words,
what would be the words?

私自身が選んだ言葉は、「愛と感謝と光」です。

いま生かされていることの恩恵に感謝し、愛をもって、光（意識）を表現していく。

これが、すべてのクリエイションの軸になっています。

この質問で浮かび上がってきた3つの言葉は、あなたの世界の基準になる土台となってくれるでしょう。そして、これからあなたが、この世界で表現していくあらゆるクリエイションのテーマやコンセプトとなるでしょう。

神クエスチョン⑪
思い通りに未来をクリエイションする

あなたは、これまでたくさんの物語を書いてきたシナリオライターです。

そんなあなたに記者が質問します。

「あなたにとって、人生最高のシナリオは？」と。

神クエスチョン11

Q

シナリオライターのあなたが最高の脚本を書くとしたら、どんな内容ですか？

If you were a scenario writer
and would like to write the best script,
what would it be?

神クエスチョン⑪

Q　シナリオライターのあなたが最高の脚本を書くとしたら、どんな内容ですか？

誰もが人生のシナリオライターですから、自由に自分自身の人生を描けます。

もしかすると、これまであなたは、不安や怖（おそ）れから物語を紡ぎ出したこともあったかもしれません。

しかし、それは過去の話です。**いま、たったいまこの瞬間から、あなたの思い通りに未来をクリエイションしていけます。そう、あなた自身が神なのですから。**

もちろん、制限はありません。限界も存在しません。

いまの悩みがすべて解決し、毎日がとびきり幸せで楽しく、ありえないような奇跡がつぎつぎに起こり、望みが何でもかなう。そんな自分史上最高のストーリーを作成しましょう。

神クエスチョン⑫

放ったエネルギーに応えるエネルギーは用意されている

まだ実際には、手をつけられていないけれど、意を決してやりたいと思っていることはありませんか？　あるいは、「いつかこれをやれたら最高にうれしいな」と思っていることはありませんか？　そこで、こちらの問いです。

神クエスチョン⑫

Q　いまのあなたに、人生を終える前のあなたから感謝状が届いています。
それはどんな内容ですか？

もし、あなたがそれを実行して、未来のあなたから「あのとき、勇気を出して実行してくれてありがとう」との感謝状が届いたら、どんな気持ちになるでしょう。
たとえば、「覚悟を決めて、あの人に告白したい」と思っていたとしたら、未来のあ

神クエスチョン12

Q

いまのあなたに、
人生を終える前の
あなたから
感謝状が届いています。
それは
どんな内容ですか？

You are now receiving a letter of appreciation
from you before the end of your life.
What is it like?

なたから「あのとき、思い切って告白してくれてありがとう。おかげで幸せな人生を送れたよ」との感謝状が届いたと想像してみてください。

やりたいことが生まれているということは、すでに、感謝状が用意されているということです。

あなたが放ったエネルギーに応えるエネルギーが必ず用意されています。

祈りは「神への問い」であり、「自分との対話」である

神クエスチョンで、自分との対話を楽しめたでしょうか。

自由なイメージの世界で、遊び心をもって自分に向き合ってみてください。

これまで神クリエイションのさまざまなステップやポイントをお伝えしてきましたが、**究極的に大事なこと――それは、「自分という神に素直になること」**。

いまという瞬間を惰性で過ごさず、気になることがあればとことん気にして考え抜

き、少しでも心が動くことがあれば、それを流さず感じてみる。

あなたという神が何を感じているのかに気づき、何を感じていても受け入れ、許す。

そして素直になって、神の望む方向へ進んでいく。それができれば、いつでもどんな状態からでも、新しい未来をクリエイションできます。


だから私は毎朝、神棚に手を合わせてこう祈ります。

「今日も、自分の心に素直でありますように」

これは、私の大切な祈りであり、宣言です。

毎日、この祈りを胸に、自分の心に素直であるかどうかを問いかけながら歩き、過ごしています。別の言い方をすれば、祈りながら、自分の中の神と対話しているともいえます。

もちろん、自分の外側にいる神様にご利益を求めて手を合わせるのも、ひとつの祈りです。しかし、これまで自分の中にいる神を信じ、現実をクリエイションしてきた私の実感は少し違います。

本来の祈りとは、みずからの心に素直であること、自分の中の神と対話すること。また、自分という神が望む世界を経験し心で味わうために、常に自分自身に問い続け、答えをクリエイションし、行動しつづけていくこと。これが、本当の意味での祈りではないかと思います。

そうやって、**神への祈りとともに歩く道を「神道」と呼ぶ**のではないかと、自分なりに考えています。

森羅万象に神様が宿り、あなたの神と繋がっている

私は、祖父や両親から、繰り返しこう言われてきました。

「目には見えない八百万（やおよろず）の神様が、いつだっておまえを見守っているんだよ。八百万の神様は一緒に笑い、一緒に悲しんでくれる。そして、時に厳しく、時に優しく導いてくれる。だから、安心して生きたらいい。そして、おまえの中の神と共に生きている。それをいつも感じたらいいよ」

この言葉は、いまでも私の心に宿りつづけています。

そして、この言葉通り、小さな頃からごく身近に、自然の精霊や神様の存在を感じ、守られていることを感じてきました。


私には、赤ちゃんの頃の記憶が残っているのですが、いまでも忘れられないシーンがあります。私の祖母は、赤ちゃんだった私をおぶって、毎日、境内にある摂社末社の小さな社殿すべてにお参りしていました。

そのとき必ず風が吹いて、御神木である杉の木の枝の近くに行くと、祖母の背中におぶわれた私の頭をサーッと優しくなでてくれていたのです。

まるで、杉の木にあやしてもらっているような感覚だったのをいまも覚えています。

また小さな頃は、家の近くにあった大きな石の上がお気に入りの場所で、いつもニコニコしてそこに座り、子ども心に平和や静寂さを感じていました。


実家の神社に伝わる神事「羽山ごもり」に9歳から参加しつづけた経験も、私に大きな影響を与えました。この祭りは、2021年で1096年となり、国指定重要無形民俗文化財となっています。

旧暦の11月18日、町の男性たちが2泊3日で山ごもりをして一年の身体堅固、五穀豊穣（ほうじょう）を祈ります。そして、「神降ろし」を行い、「のりわら」という役目の男性が神様からの「お告げ」を下ろします。

お告げでは、町のさまざまな物事について神様からの言葉が伝えられます。

このような環境で育った私には、神様を信じる心、信仰心が芽生えていきました。

私には、いまも自分の生き方を、神様が近くで見ているという感覚があります。

これは、小さい頃から育まれた信仰心があるからこそだと思っています。

日本人であれば、誰もがそのような信仰心をもっていると私は思います。

神社でのお参りは自分の中の神と八百万の神様との交信

日本では、あらゆるものに八百万の神様が宿ると信じられてきました。

日本の各地に、先祖が大切に守り継いできた大小の神社があり、いまでも多くの神様が祀られています。

そんな日本で育った私たちは、誰もが、神様の存在を感じ信じる心を自分自身の中に大切にもっているのです。もし、「そんな心などもち合わせていない」という人がいたら、それは忘れているだけです。

その証拠に、神社に行ってお参りするときには誰もが改まった気持ちになり、真剣に願い事をするはずです。

また、神様の前で嘘をつける人はいないでしょう。誰にも言えない本音が、神様の前でなら言えるという人も少なくないと思います。そもそも、心からその存在を信じていなければ、神様に手を合わせることなどないはずです。

神様の前で、私たちはごく自然に手を合わせます。それこそが、日本人のもっている信仰心の現れだと思います。

ただし、本当の信仰心とは、いわゆる神様を信じる心だけを指すのではありません。

本来の意味の信仰心とは、自分の内側にいる神、つまり自分自身を信じることです。

神社にお参りするのは、自分の中の神と、神社にいらっしゃる神様が交信をしているともいえるのではないか。

そうやって神様と交信することも、ひとつの信仰心ではないかと私は感じています。

信仰心は、未来をあざやかに照らしてくれる光になります。

私は毎日、オンラインサロンの朝ライブで近所の神社に参拝します。

そして、インターネットで繋(つな)がっているメンバーとともに「今日も口角を上げて楽しみます！」と宣言します。

これも私なりの信仰のスタイルであり、神クリエイションの実践です。

あなたも、あなただけの信仰心を自分なりに表現していきましょう。

未来から流れてくる光を見つめて、一歩踏み出しましょう。

最後は自分のクリエイションを信じ切ること

ただし、矛盾するようですが、もしいま、心の内側から「動き出したい！」という衝動が湧かないのであれば、無理やりすぐに動かなくても大丈夫です。

誰しも、エネルギーが枯渇する気枯れの状態になることがあります。

人生には、「ちょっと休憩」と言って休むブレークタイムも必要です。

そんな時期には、しっかり休んで栄養補給し、自分を見つめる時間を作るのです。

すると必ず、自分の中から「動きたい！」「これをやりたい！」といった感覚が湧いてくるタイミングが来ます。

急に光がサーッと差してくるような瞬間です。

そのとき、「よし、いまだ！」とベストなスタートを切るためにも、無理に行動しようとしないこと、自分の心に素直に、嘘をつかないことが大切です。

私が演出プランを考えるときにも、アイデアが浮かぶ前の「余白」を大事にしていました。プランが降りてこないときは、あえて何かしようとせず、ただ自分を信じて、好きなことに目を向け、感じていたのです。

すると、そのうち必ず何らかの刺激やきっかけがあって、「種」が生まれる瞬間が訪れます。そこから、その種を感じてイマジネーションをどんどん膨らませ、変容させてクリエイションしていきました。

いまもし人生に何も動きがないように見えても、心にインスピレーションがまったく訪れなかったとしてもかまいません。

人生がそのように流れているのなら、その流れにあらがわない。自分の状況をそのまま素直に受け止めて、ただ感じる。それで十分です。

私も、本当にやりたいとき、伝えたいこと、発信したいものが生まれたとき以外は、絶対に動きません。

自分でも頑固だなと思いますが、どんなときも自分の心に素直であることが、私のクリエイションの原点です。

自分に素直でいられるからこそ、自分の生み出したいものをきちんと生み出せたら、結果がどうあろうと、誰がなんと言おうと関係なく満足できるのです。

そんなクリエイションを続けていれば、必ず豊かさもついてきます。


これまでお話ししてきたように、メッセージは常に来ています。

希望をもち、イメージを膨らませ、感じつづけ、考えつづければ、種が生まれて芽吹きます。

自分のすべてを受け入れ、待つ時間を大切にしながら、「いまピンと来たから動いてみよう！」と確信したときに動き出せば、絶対に大丈夫。

あなたの見たい景色が待っています。

それは、あなた自身が創り出した世界です。

「絶対、大丈夫」と、自分のクリエイションを信じ切る。そして、創り出す現実世界を信じ切る。大きな大きな確信を自分の中にもつ。この感覚を、ぜひ大事にしてください。

そうすれば、神クリエイションのプロセスを思うように進めない状況がやってきたとしても乗り越えられます。

ピンチが来たとしても切り抜けられます。

そして、自分のクリエイションを表現していけます。

人生は心のままに喜怒哀楽を楽しむ旅

いまは、やりたいことがあったら、工夫次第で何でもできる時代です。

もちろん、まだ制限される部分もあるけれど、オンラインで気軽に発信し、世界中と繋がれるようになり、できることや楽しめることは爆発的に増えました。

ファッション、アート、音楽、映像、ダンス、スポーツなどさまざまなカルチャーシーンで、誰でも自由に遊べます。信仰の世界や文学・歴史の研究、IT開発、農業やクラフト、料理など、自分の興味や関心のある分野にどんどん突き進んでいける時代です。

そして、インターネットで自分のクリエイションや本音を発信し、みんなに知ってもらえます。

そう、私たちがいま生きているのは、最高に楽しく遊べる地球遊園地です！

その遊園地を、思い切り楽しめるかどうかは、あなたの心次第。

「これをやりたい！」「こんな表現をしたい！」

「もっと遊びたい！」「たくさん勉強したい！」

自分の心が感じることを大事にして、その心を愛してください。

自分が創り出したい世界を知って、信じて、楽しんでください。

ただし、アーティスティックな表現をしたり、人が注目するようなビジネスをしたりすることだけがクリエイションではありません。

神クリエイションとは、生きることそのものです。

あなたは、自分自身のいまの感情を、好きなことを通して表現していくクリエイターであり、人生のプロデューサーです。

たくさんの人と交わり、たくさんの経験を味わい、たくさん笑い、生きることの豊かさを感じ、最高に自由な「いま」を生きましょう。

たったひとつの大好きなことをやりつづけてもいいいし、そのときどきの気持ちに正直になって変化しつづけてもいい。

人生は心のままに喜怒哀楽を楽しむ旅。

いまに笑って、いまに泣いて、いまに歓喜して、心に訪れるあざやかな瞬間を味わい尽くす旅。

どう生きるかを決めるのは、あなたの心です。

自分が決めた人生を味わうのも、楽しむのも、あなたの心です。

さあ、口角を上げて！

あなただけにしか創れない、あなたの世界を神クリエイションしていきましょう！

神クリエイション

EPILOGUE

あなたが、命をかけて伝えていきたいことは何ですか？

神クエスチョン⑬　自分の使命に気づく

私が、一日1回必ず自分に投げかける神クエスチョンがあります。
これが、この本の最後に、あなたに問うことです。

神クエスチョン⑬

Q　あなたが命をかけて、つぎの世代へ伝承したいことは何ですか？

神クエスチョン13

Q

あなたが命をかけて、つぎの世代へ伝承したいことは何ですか？

What would be the most important thing you'd like to pass onto the next generation?

私たちは、いつか必ずこの世を卒業します。

この地球遊園地で遊び尽くして旅立つときに、あなたは、何を残していきたいでしょうか。次世代へ、魂から伝えていきたいことは何でしょうか。

先人たちが伝えてくれた伝統や文化、考え方、そして命を受け継ぎ、私たちは生きています。**そんな私たちも皆、この世に残していきたいこと、残すべきことを、使命として生まれもってきています。**

その使命を果たすために、今日一日を、懸命に生きる。そのために、私はこの問いを日々、自分に向けるのです。この大事な問いを、あなたに贈ります。

すべてはすでにあなたの中にある

「使命って何だろう」と、大げさに考えなくて大丈夫です。

「私に伝えられることなんてあるのかな」と、不安に思うこともありません。

なぜなら、それはすでにあなたの魂の中にあるからです。

あなたはただ、ふと湧き起こる自分の感覚に導かれながら、心のまま、素直に今日という日を生きてください。自分の創りたい現実に向かって。

何よりも、この唯一無二の美しい星で生きる、今日という日を楽しんでください！

私は、人間とは、愛の中にある愛の「器」ではないかと思います。

地球という大きな愛に守られながら、自分自身の内側にも愛を育んでいく。

そして、八百万（やおよろず）の神様をはじめとするすべての存在と繋（つな）がり、すべてに感謝しながら生きていく。これからあなたがクリエイションしていく世界は、そんな大きな愛の循環の中で生み出されていきます。

あなたがいま、感じていることを、やりたいと願っていることを、伝えたいと思っている言葉を、自由に楽しみながら表現していきましょう。

それこそが、あなたの神クリエイションです。

愛と光と感謝を込めて
ＦＵＭＩＴＯ

神クエスチョンリスト

Q GOD QUESTION List

1 本当のあなた（神）が、大好きなこと、本当にやりたいことは何ですか？

2 あなたはいま、どんな「心の表情」をしていますか？

3 あなたは、なぜ「それ」が好きなのでしょうか？

4 あなたが、「いまよりさらに幸せな自分」であるとしたら、それはどんな自分ですか？

5 あなたに幸運が3度来るとしたら、それはどんな幸運ですか？

6 いまの自分に、つぎの言葉を告白します。
○○の中に言葉を入れてください。
「本当は○○だった。だからいま、○○すると決める」

7 この世から旅立つ前に、あなたの人生をよい方に導いた功績を称え、感謝を伝えるために、ひとりだけに勲章を贈れます。それは誰ですか？　その功績とは、どんなものですか？

8 今日から無一文になったら、どうしますか？

9 世界基準のアラームを設定できるとしたら、いつどんな内容にしますか？

10 自分を3語で表現するとしたら？

11 シナリオライターのあなたが最高の脚本を書くとしたら、どんな内容ですか？

12 いまのあなたに、人生を終える前のあなたから感謝状が届いています。それはどんな内容ですか？

13 あなたが命をかけて、つぎの世代へ伝承したいことは何ですか？

FUMITO（ふみと）

クリエイティブプロデューサー。

空間演出家。

鎮座1300年金沢黒沼神社・権禰宜。


見えない世界を感じ取れる「共感覚」をもちながら、東北の神社の家系に生まれる。

数々のテレビコマーシャルなどを制作するCMプランナーや、ミュージシャンのPVなどを制作する映像ディレクターとして活動。その後、世界的なファッションブランド、コスメブランドのショーやパーティーなどの空間プロデューサーとして活躍。クリエイティブな活動をしながらも、國學院大學にて神職の資格を得て、神職としても務める。

東日本大震災以降、目に見えない存在からの目に見えるメッセージを受け取り、すべては愛と感謝と光であると体感。それ以降、パートナーのLICAとともに見えない心の大切さに関する講義やスクール、執筆活動を行っている。

著書に、ベストセラーとなった『幸運を呼びこむ不思議な写真』シリーズ（サンマーク出版）、『クリスタルと仲良くなる方法』（徳間書店）などがある。

FUMITO＆LICAオフィシャルブログ
「地球遊園地を遊ぼう!!!」
https://ameblo.jp/parallel-earth

神クリエイション

2021年12月 1 日　初版印刷
2021年12月10日　初版発行

著　者　FUMITO
発行人　植木宣隆
発行所　株式会社 サンマーク出版
東京都新宿区高田馬場2-16-11
(電) 03-5272-3166
印刷　株式会社暁印刷
製本　株式会社若林製本工場

ISBN978-4-7631-3946-7 C0030
ホームページ　https://www.sunmark.co.jp